底氣

掌握《孟子》7 大智慧，
活出坦蕩的人生！

樊登
——著

目錄

自序　你就是你最大的底氣……009

第一章
初心的力量

不忘初心，才能克制欲望……016
內心力量是行動的源泉……022
別為利益丟了底線……027
承認私心不丟人……032
真正的尊貴始於內在的尊嚴……037
找尋喪失的本心……042
本自具足，才能心生力量……046

第二章
人生的節奏

遵從自然規律，才能萬事暢達……054
認清自己的價值很重要……060
謀事做事，量力而行……065
堅持，是先行者的基本準則……070
學會學習，才能有所收穫……074
要懂得擴充「四端」……079
想教好孩子，先活好自己……083
環境是最好的老師……090
捨近求遠，只會徒增負擔……096

第三章
選擇的智慧

突破非此即彼的選擇困境……102
做事既要堅守原則，也要靈活多變……106
學會選擇，守住底線……111
因時制宜，與時間結伴同行……116
不做什麼比做什麼更重要……121
追求成功要懂得乘勢和待時……126
以出世之心，做入世之事……131

第四章 交友的心態

洞悉對方內心想法，才能有效溝通……138
交友的「三不原則」……143
以恭敬之心與人交往……147
學會與古人交友……151
負能量者不可結交……156

遠離那些沽名釣譽的人……160

第五章
反思的深度

你是自己內心衝突的根源……166
善於反省，才能不斷成長……172
時刻審視自己的「立場」……177
領會讀書的外延和內涵……182
做事要善於推己及人……187
「知恥」才能讓自己變得更好……192
逃避永遠無法解決問題……197
以確定性應對不確定性……202
用比較思維理解事物的發展規律……208

第六章

善念的奇蹟

善念來源於惻隱之心……214
善良的內心勝過外在的虛名……220
愛出者愛返，福往者福來……225
做事不在於好壞，在於境界……230
只有心存仁義，方能無往不利……235
一點浩然氣，千里快哉風……240
多做對社會有價值的事……246
發現人生真正的快樂……252

第七章

成長的方向

思維方式決定人生走向……258

內心富足，生命會變成一部傑作……263
別人能做到的事，你也能做到……268
任何時候都不應自暴自棄……273
先讓自己強大，再把事情做好……278
腳踏實地才能走得更遠……283
世上總有人比你天賦高，還比你努力……289
探求與求知永無止境……294
保持終身成長的習慣……298

自序

你就是你最大的底氣

孟子為什麼有底氣?

春秋的時候人們還比較講禮，連打仗都不怎麼下死手，所以孔夫子可以「溫良恭儉讓」以得之。三家分晉是從春秋到戰國的分水嶺，曾經的霸主晉國被它的二級封建貴族分為韓趙魏三家。魏國率先開始任用法家人物進行改革，人們開始變得殘暴、嗜殺、沒有耐心。儒家的那一套「你若盛開，蝴蝶自來」的仁政思想太慢，太理想主義，也太危險，魏國、秦國的戰車已經開動，你才開始搞井田制、什一稅，未免太迂腐了些。所以，孟子面臨的職場環境是很差的，就好像你在人人都做互聯網高科技的時代勸大家慢一點、不著急一樣。

然而孟子並不怕，甚至還有點囂張。在《孟子》開篇，他見到的人就是最愛打仗的魏惠王，因為魏國的國都在大梁，所以人們叫他梁惠王。梁惠王也不客氣，說：「老頭，你不遠千里而來，一定是給我們國家帶來好處的吧？」梁惠王習慣了法家和縱橫家的套路，認為孟子帶來的一定是各種表格戰略和戰爭建議。就像今天的一家大企業見到諮詢公司，首先就問：「如何提高我們的獲利率？怎麼獲得更大的市場占有率？」孟子說：「王何必曰利？」「動不動就說利潤，你俗不俗？我來跟你談談企業的價值觀吧！」孟子的大義凜然震懾住了梁惠王、齊宣王、滕文公這些大大小小的君主。雖然後來未必按照孟子的諮詢方案辦，但至少，諮詢費都結了。

目光短淺的人會說孟子不切實際。他說天下將「定於一」，這個「一」是一個不嗜殺的王者。但結果天下被最嗜殺的秦國統一了，打臉啊！但如果孟子還在，他會告訴你殘暴的強秦只是歷史上的一朵小浪花，因為法家的統治思想才是理想主義。他們把老百姓都當作傻子、懦夫、奴才。儒家把人當人。所以老百姓不會像墨子要求的那樣無私，也不會像楊朱說的那樣自私，更不會像法家設想的那樣懦弱。老百姓需要土地、糧食、衣帛和蛋白質，需要王者之師的保護，需要君子、大人的教誨。後來的人理解了孟子，他所說的比孔子更加清晰具體和堅定。所以最終中國走向了「儒法國家」的穩定結構，儒家的理想和法家的手段相結合，也算是某種程度上的中庸吧。

所以孟子的底氣首先來自他的自洽。他認同孔子的理念，並想通了自己的使命。「予豈好辯哉？予不得已也。」當他認識到自己的使命、願景、價值觀以後，剩下的就是心無旁騖地做事了。他拿著自己的商業計畫書四處遊說，參加各種學術和商務工作，與墨家、楊朱、縱橫家、法家展開辯論，擴大儒家的社會影響力；他培養學生發展隊伍，與貴族和王侯們交朋友，尋找讓儒家思想落地的機會；他說寓言、講故事，結合案例展開討論，把儒家的思想成體系地融入生活的方方面面。他做了自己能做的一切。所以在一貫論資排輩的中國傳統文化中，孟子能夠超越顏回、曾參成為亞聖，實在是實至名歸。可以說沒有孟子的大義凜然和中流砥柱的作用，儒家很可能淪為諸子百家中的普通一員。

孟子的另一個重要的底氣來源是他對於人性的堅信。這個世界到底是好人多還是壞人多？人性本來是善良的還是邪惡的？這些問題可能難以有確切的答案，但是你可以選擇自己相信什麼。荀子選擇相信「人之性惡，其善者偽也」，這個選擇冷靜而智慧，但缺乏光輝和力量。孟子相信「人性本善」，這個選擇可能讓他傷痕累累，但是大而有光輝！當你選擇像荀子一樣冷眼旁觀，也許會少受一些欺騙和背叛，但你的內在力量也在不斷損耗。為了一群骨子裡就壞的眾生，我們拚搏個什麼勁？而當你選擇像孟子一樣傻傻地對人性充滿期待，你的每一次努力都突然有了價值。即便是做錯了事的壞人，在你眼中也成了迷途的羔羊。這種前提才能夠帶來源源不斷的愛和力量。所以孟子說他善養浩然之氣，並非每天呼吸吐納練氣功，而是「集義而成」。

最後，孟子還有一股底氣來自對自己負責。他雖然每天奔走呼號地想要改變這個世界，但他唯一要有所交代的只是自己。「有不虞之譽，有求全之毀」，孟子對於來自社會的評價早已洞若觀火。你只需要做好自己，不斷地反省和改變。如果你自忖沒有問題了，那些依然向你不斷吠叫的就是禽獸了，跟一群禽獸你較什麼勁？如果你覺得你所做的事是道義所在，那麼，雖千萬人吾往矣！

讀《孟子》和讀《論語》的感受完全不同。孔子讓你讚嘆，一個人說話做事竟然能如此合適！孟子則給你力量，一個人可以不怕敵人、不怕強權、不怕失敗，甚至不怕犯錯！

今天的職場當中最熱門的話題，能反映出大家最大的困惑。比如：躺平還是內捲的問題，追求理想還是向現實妥協的問題，該創業還是守住這份工作的問題，等等。其實我們總是處在患得患失之間，孟子並不能替我們做出決定，但是讀《孟子》可以培養我們的浩然之氣，讓我們的人生境界上升一個層次。很多問題在原來的層次是無解的，但當你的人生產生了位移，從更高的高度上看，那些問題就不再是個問題。比如年輕人常問：為什麼我努力讀了書，但生活沒有變好？孟子就講了「杯水車薪」的故事。他說水能救火這是大家都知道的，但你用一杯水想去救一車正在燃燒的柴草肯定是不行的。我們的努力和精進有時候就是要等待擊穿閾值的那一刻。孟子就是這麼善於講道理，他的書能夠成為經典，就是因為一代又一代的中國讀書人曾經被他點醒，被他提升。

這本書來自《樊登講〈孟子〉》的課程，我對《孟子》進行了逐字逐句的精講，但因為體量太大，恐怕大家讀起來太花時間，於是從《孟子》中選擇與我們的日常最切近的內容，結合現代生活的實際呈現給大家。希望讀者朋友能獲得孟子的力量、勇氣和智慧。

第一章

初心的力量

樂民之樂者，民亦樂其樂；憂民之憂者，民亦憂其憂。

——《孟子・梁惠王下》

不忘初心，才能克制欲望

春秋時期，齊景公和大臣晏子之間有一段對話，大意是這樣的：齊景公想出去視察一下民情，但他怕別人認為他是藉著視察的由頭四處遊玩，於是就問晏子，自己怎麼做才能讓視察看起來高大上一些，讓百姓覺得他是在做好事，而不是消耗百姓。

晏子的回答很有意思，他說：「大王您這個問題太好了。天子到諸侯的地方巡遊，叫巡狩；諸侯去朝見國君，叫述職。但不管怎樣，一切都是為了工作。古代時，國君出去巡遊，看到有缺種子、缺牲口的，就趕緊從國庫撥付，支援老百姓的農業生產；秋天看到有歉收的地方，又忙著發放補助，不讓老百姓餓肚子。所以古時的老百姓都盼著國君巡遊呢！現在不同了，國君一出行，興師動眾，跟土匪下鄉似的，根本不管老百姓死活，從而導致百姓怨聲載道。這種違背天意、流連荒亡的行為，下面的諸侯也感到憂心忡忡。」

晏子這段話是想告訴齊景公，你要是打心裡想視察民情，就不要給百姓和各地官員造成那麼多負擔，而是去盡一個君王的本分，做你該做的事，別只顧自己的私欲和享受，不顧百姓的死活。

這個故事後來被孟子引用到與齊宣王的對話當中，這段對話也稱「雪宮問樂」。關於雪宮，我的理解可能是一個以白色為基調的宮殿，平時用於國君休閒度假。在對話中，齊宣王問孟子：「賢者亦有此樂乎？」意思是說，你是德行高尚的聖人，也喜歡在雪宮裡度假嗎？

孟子回答說：「我當然喜歡呀，如果人不能得到這種快樂，那他們就要埋怨國君了。得不到就埋怨國君，那肯定不對；但作為國君，如果只顧自己享樂，不能與民同樂，肯定也不對。」

在孟子看來，一個人如果得不到好的享受就抱怨領導，自然是不對的；可作為領導，你只顧自己享樂，不顧老百姓，也是不對的。你看，孟子總是善於從不同的角度來思考問題，認為不管是領導者還是被領導者，都要適當約束自己的行為才行。

那麼國君應該怎麼做呢？

「樂民之樂者，民亦樂其樂；憂民之憂者，民亦憂其憂。」國君能以百姓的快樂為自己的快樂，百姓就會以國君的快樂為自己的快樂；國君能以百姓的憂愁為自己的憂愁，百姓就會以國君的憂愁為自己的憂愁。領導者心裡裝著大家，真心對大家好，和大家心連心，大家才會希望你好，願意與你同甘共苦。

這段話就直接啟發范仲淹寫出了「先天下之憂而憂，後天下之樂而樂」的經典名句，如果一個人能以天下人的憂樂為目標，腦子裡想的都是全天下人的感受，那這種人不稱王的話，世界上就沒人有資格稱王了。

所以，孟子對齊宣王說的話，與晏子對齊景公說的話、所闡述的道理都是一樣的，都是希望君王能理解什麼是「樂」。這個「樂」，就是你要避免流連之樂、荒亡之行，你做任何事都要有正確的目標，這個「正確的目標」就是君主要做好自己的本職工作，履行好自己的責任和義務，也就是君主做事的初心。

我之前講過一本書，叫《乾隆帝》。乾隆皇帝可能是歷史上最喜歡出去遊玩的人了，「乾隆下江南」的故事更是家喻戶曉，還被拍成了很多電視劇。曾經有人給他做過統計，說他一年中幾乎有大半年時間都在江南一帶巡遊，但他的出遊卻給江南的大臣和百姓帶來了沉重負擔。當然，他也實現了一定的轉移支付，就是皇家拿出很多錢給當地，當地接待者也能賺到錢，但對於他的這種行為，歷史上一直頗有爭議。

其實在很多時候，我們做某件事是對是錯，不見得是絕對的，但在做這件事之前，你一定要知道自己的初心是什麼，你到底為什麼要做這件事，以及針對這件事，你是不是已經做好了充足的準備。在這個過程中，你很可能會面臨很多誘惑，產生很多欲望，這時你的初心就變得異常重要，因為只有它，才能幫你克制欲望，在前進的路上始終不偏離目標。

我之前看過一個故事，說一位老教授問他的學生們，如果到山上砍樹，一棵粗，一棵細，你們會砍哪一棵？學生們立刻說選擇砍粗的那棵。教授補充說，粗的那棵是普通的楊樹，細的則是紅松。大家想了想，又選擇砍紅松。而教授又說，楊樹是筆直的，紅松卻是七扭八歪的，大家隨即又改變了目標。

最後，終於有個學生反應過來，問老教授：「我們砍樹的目的是什麼呢？」

你看，不弄清自己砍樹的初衷，你就沒辦法做出明智的選擇，也沒辦法有效行動。我們一生中會面臨很多這樣的抉擇，結果如何，取決於我們的初心。

樊登讀書發展至今，已經形成了一個較為完整的業務體系，自從涉足直播，我們每年的銷售額也還不錯。這期間有人建議我說，最好能對直播設立考核制度，激發大家的積極性，增加銷售額嘛！但我卻一直抱著能賣多少算多少的想法，沒有設立考核制度，只要書的品質好，我們就慢慢賣。我認為，直播的意義應該與我當初創立公司的願景是一致的，就是希望好書能被更多的人看到，所以在做直播時，我們一直都堅守這樣的初衷，從容面對其間的各種變動。

人都是有欲望的，我也不例外，欲望也會直接決定人生整體的走向。但你想要不走偏，就一定不要忘記自己的初心，不論你現在在做什麼，都要找準自己努力的方向，而不是被欲望輕易左右，跟著外界不斷改變自己，最後可能什麼都得不到。

舜之居深山之中，與木石居，與鹿豕遊，其所以異於深山之野人者幾希。及其聞一善言，見一善行，若決江河，沛然莫之能御也。

——《孟子．盡心上》

內心力量是行動的源泉

《刻意練習》和《掌控習慣》這兩本書都提到過一個實驗。老師把學生分為兩組，教他們學習攝影。老師對第一組學生說，攝影考核的標準就是看你們一學期一共能拍攝多少張照片，誰拍的多，誰的成績就高；對第二組學生說，大家不用多拍，最終只根據一張水平最高的作品來打分。

第一組學生接到任務後，就立刻行動起來，每天拍很多張照片，生怕自己的成績不合格。而第二組學生就每天琢磨，研究理論、技巧，卻很少出去拍照，作品數量也不多，最後只能選擇一張自認為最滿意的照片，忐忑不安地交了上去。

老師把兩組學生的所有作品都混在一起進行評選，結果發現，那些優秀作品幾乎都出自第一組。為什麼？因為練習得多，成長就快。

這就叫作「坐而論道，不如起而行之」。一天到晚坐在那裡討論一件事，理論再豐富，觀點再先進，也遠不及真正行動起來、親身實踐一次收穫大。

曾經有人跟我說：「樊老師，我也知道應該多讀書，多學些知識，豐富自己，可就是懶得行動，就算是拿起書來，看幾行就看不下去了。我特別好奇，您是怎麼做到一年讀那麼多書的？」

我就告訴他：「因為你壓根兒就沒想過要讀書，要提升自己，你的內心缺乏讀書的力量，就算你拿起書來，也不可能讀下去。」

孟子曾講過很多關於舜的故事，舜可以說是孟子的偶像了。孟子說：「舜之居深山之中，與木石居，與鹿豕遊，其所以異於深山之野人者幾希。」說舜當年住在深山之中，周圍都是草木、石頭，每天與野鹿、野豬等生活在一起，和深山之中的野人沒什麼區別。這樣一個生活在深山之中、與野人無二的人，後來是怎麼變成一位人間聖主的呢？原因就在於「及其聞一善言，見一善行，若決江河，沛然莫之能御也」，他聽到一句善言，見到一個善行，就會立刻照著學、照著做，好像決口的江河一般，澎湃之勢沒有人能夠阻擋得住。

舜的這些表現，就是因為有一種內心的力量在推動著他去做，這種力量就是以天下大任為己任，拯救蒼生於水火。當心中有這樣一個信念時，無論處於什麼樣的情況下，甚至是在最惡劣的生存環境中，他也能從善如流，絕不放棄自己的目標，改變自己的志向。經過這樣艱苦的磨練，最終才成為一位聖人。

同樣，當你的內心也充滿做某件事的力量時，你也會像舜一樣，「聞一善言，見一善行，若決江河」。而且當這種內在的求學動力足夠強大時，哪怕求學環境非常糟糕，你也願意去行動，而不需要外在的力量去推動你，強迫你去行動。

我在創辦樊登讀書之初，就有這樣的感受。我對大家說，希望大家每年一起讀上五十本書，為更多的人做個榜樣，讓更多的人加入讀書的行列。我那時並沒有想到會有那麼多人熱切響應，結果不但有很多朋友加入我們的讀書行列，還帶動了身邊的人，他們告訴我說：「我們願意做這件事，哪怕不賺錢，我們也願意做，只要能讓更多的人來讀書。」

因為你的內心對一件事有一種力量、有一種強烈的期待，這種力量和期待就會激勵著你去行動，哪怕沒有催促你、推著你去做。我們現在在培養孩子時，動不動就要拚學校、拚學區房、拚教育資源，殊不知，即使是同一個學校出來的孩子也是天差地別。有的孩子有理想、有目標，學習就會積極主動，不用家長催，自己就自帶「發動機」；而有的孩子沒有目標、沒有期待，就算你每天耳提面命，他也不會有行動的動力。這樣的孩子，即便你想盡辦法把他送入最好的大學，他的人生也不見得有什麼成就。

所以，要做一件事，要實現一個目標，千萬不要以為外在的條件滿足就足夠了，相反，內心的力量才是你行動的源泉。能不能「若決江河」，才是你人生成敗最重要的分界線之一。

我們今天的生活，不知比舜那個時代的生活環境優越了多少倍，我們想要變好，也比舜容易得多，途徑也多得多，而要變好的核心，就在於你內心的那個力量能不能被你發現，進而釋放出來，激勵著你去行動、去創造，去做更有意義、更有價值的事情。

且夫枉尺而直尋者，以利言也。如以利，則枉尋直尺而利，亦可為與？

——《孟子．滕文公下》

別為利益丟了底線

我之前講過一本書，叫作《你要如何衡量你的人生》，作者是哈佛商學院教授、管理思想大師克里斯坦森。這本書中的內容是他給哈佛商學院畢業生所做的一次演講，後來被稱為哈佛商學院畢業前最重要的一堂課。但是，在做這次演講時，克里斯坦森已經身患癌症，而他通過這次演講告訴學生們，如果你要衡量自己的一生是成功的還是失敗的，一條非常重要的原則，就是不要做任何違法亂紀的事情。因為一個小小的犯罪行為，就可能導致你前面所有努力獲得的東西都沒有了。

從很小的時候起，父母和老師就教育我們，做人做事要有原則、守規則，要遵紀守法，這樣才能得到別人的尊重和認可，也才能堅守自我，不忘初心。但當長大後，我們發現很多人並不願意循規蹈矩地做事，而是喜歡尋找各種抄近道、投機取巧的方法。當然，從一定程度上來說，你也不能說這種做事方法完全就是錯誤的，因為這的確能讓你省去很多力氣，或者獲得更高的收益。但是，如果你經常為了利益而放棄自己的原則和底線，或者違反相應的規則，那就不行了。就像一輛不遵守交通規則的汽車一樣，一次兩次僥倖沒事，但早晚都會出事故。

孟子也曾經多次強調這個問題，比如有一次，孟子的弟子陳代就問他，說老師您整天待在家裡，不主動去拜見那些諸侯，是不是有點太拘泥於小節而誤大義了？我知道您很想推行王道，如果您主動去拜見他們，效果好的話，您就能教他們推行王道；如果效果一般，那您也可以教他實施霸道。王道不成，至少還有霸道呢，總比在家裡待著強呀！

同時，陳代還引用了《志》中的一句話，叫作「枉尺而直尋」。意思是說，你後退一尺，雖然有點委屈自己，但卻能因此而前進八尺。用我們現在的話來說，就是以退為進，這看起來也挺好呀！

孟子沒有直接回答陳代行或不行，而是舉了個例子，說以前齊景公打獵，就派人拿著召士大夫的旌節去召管理獵場的虞人，讓虞人給他送弓箭來。但虞人並沒有來，因為他認為齊景公違反了規制，用錯誤的信物召自己，命令就是無效的。即使齊景公要殺他，他也沒屈服。

孔子在知道這件事後，就讚賞虞人說：「志士不忘在溝壑，勇士不忘喪其元。」有志之人，即使死後無棺槨，被棄於溝壑，也不怨恨；有勇之人，就算戰鬥而死，頭顱落地，也不害怕。意思是說，人要堅守自己的志向和節操。

接著，孟子又說了一句話：「且夫枉尺而直尋者，以利言也。如以利，則枉尋直尺而利，亦可為與？」這句話也是孟子對待這件事的核心觀點：為了利益，你可以讓自己退一尺而進八尺，那以後再為了利益，是不是退八尺而進一尺的事你也會去做呢？

孟子這句話說得太到位了！回歸我們現在的生活，有多少人都在「枉尋直尺」。我就經常看到很多朋友，幾乎每天晚上都在酒桌上陪人喝酒，喝得肝都要壞掉了。我就勸他們說，這樣太傷身體了，你是不要命了嗎？他們就說，沒辦法呀，不喝酒客戶不簽單呀！不簽單，就沒錢拿呀！

每次他們這麼說，我都很無語。不顧及自己的身體，拿健康來換錢，這就是「枉尋」。就像孟子說的一樣，只從利益的角度看問題，為了利益，會一次次地退讓和迎合。總有一天，他們也會為了利益而違背自己的原則和底線，甚至做出違反社會規則的事來。

陳代是希望孟子能稍微放鬆點原則，原則這個事兒沒那麼重要，咱們要的是結果。只要結果好，什麼手段不都一樣嗎？孟子最後又說了一句話：「枉己者，未有能直人者也。」你希望別人「直」，希望別人按你的方法做事，而你的方法卻是讓自己「枉」，以枉而教直，這怎麼能行呢？

這就像那些在酒桌上簽單的人一樣，你希望跟其他公司之間公平競爭，希望客戶能按規則簽單，但自己卻一杯杯地給對方敬酒，或者私下給對方回扣，以此拉攏對方跟你簽單。

再比如現在有些老師，在教育學生時，口口聲聲說希望學生都考出好成績，考上好大學，以後走上社會有出息、有成就，做個成功之人，但他們用的方法卻是指責、批評，甚至是謾罵，給學生造成了巨大壓力。學生跟隨老師學習，並非簡簡單單地要個好成績，而是在跟老師學習怎麼做人，怎麼正確地處理問題。如果他們從老師那裡學到的方法就是無所不用其極，只要方法管用，什麼都敢用，那麼未來他們走向社會後，為人做事也依然是無所不用其極，哪怕造成社會秩序混亂也無所謂，這是很要命的。

孟子的觀點與孔子的「己不正，焉能正人」是同一個意思。在人生的道路上，我們還是應該堅持自己的操守，為了名利而委屈自己，迎合別人，並不能換來別人的改變；以自己的錯誤做法去矯正別人，更不可能行得通。

夫夷子信以為人之親其兄之子為若親其鄰之赤子乎？彼有取爾也。赤子匍匐將入井，非赤子之罪也。且天之生物也，使之一本，而夷子二本故也。

——《孟子．滕文公上》

承認私心不丟人

我們現在經常聽到一句話，就是「愛人先愛己」。不管是在情感婚姻當中，還是在生活工作當中，首先愛自己，讓自己變得更好，然後才能有精力、有能力去愛別人或幫助別人。也可以把這一點理解為私心，先讓自己的私心得到滿足了，然後才有可能推己及人，用同樣的心態去對待別人。可以說，我們的每一個看似理性的行為，幾乎都是以「私心」作為驅動力的，如果不是這樣，那麼我們的選擇或行為很可能就是出於一種衝動或無心之舉。

說到這裡，有的人也許不認同：難道父母對我們的愛也是出於「私心」嗎？父母對孩子的愛不是完全無私的嗎？

的確，父母對孩子的愛是無私的，甚至願意為孩子付出自己的一切。但是，他們這樣做是有一個必要前提的，那就是你是他們的孩子，你的這個身分才是他們愛你、為你付出的出發點。

由此，我們可以說，愛和所謂的無私一定是先從距離自己最近的人開始的，人也都是有私心的，這是人的天性。孟子曾說過：「知者無不知也，當務之為急；仁者無不愛也，急親賢之為務。堯、舜之知而不遍物，急先務也；堯、舜之仁不遍愛人，急親賢也。」大意是說，智慧的人沒有不想了解事情的，但一定是先了解當前最緊要的事；仁者沒有不愛人的，但也有次序，就是先愛自己的親人和賢人。即使是堯、舜這樣的人，他們的智慧也不能遍及所有事物，而是會先去解決眼前的事；他們的仁愛也不能遍及所有的人，而是先去愛自己的親人和賢人。

孟子是儒家學派的代表人物，儒家主張「老吾老，以及人之老；幼吾幼，以及人之幼」，每個人都有自己的父母、孩子，而人也一定是先愛自己的父母、孩子，再推己及人，由近及遠。這個自己與別人、近與遠，自然是有分別的。

孟子還曾經跟人辯駁過這一觀點。在《孟子．滕文公上》中記載，孟子問墨家的夷子，墨家治喪一直以薄葬為主，為何夷子在自己的父母去世後，卻厚葬父母，這不是以自己否定的東西來對待自己的父母嗎？

一直以來，墨家批評儒家最多的地方就是厚葬，墨家主張兼愛，就是愛自己和愛天下人是一樣的，不存在愛誰不愛誰。所以夷子給孟子的回答是：墨子之道，主張兼愛，就是要把自己的父母看得和其他人一樣，不分厚薄、彼此，而我厚葬自己的父母，也是準備把這種方式推行天下的，這不算是厚此薄彼。

但是，儒家卻認為這種做法是不現實的，甚至是滅絕人倫的，因為愛的根源和方式都在父母人倫之中，人肯定是先愛自己的親人，然後才會去愛別人。如果一個人愛自己和家人與愛別人完全一樣，儒家認為這是不可能做到的。因此對於夷子的回答，孟子並不滿意，於是反問夷子：你真的認為，人們愛自己的孩子、侄子，與對待鄰居家的孩子、不認識的孩子，是一樣的嗎？這些人是有分別的。天下萬物，只有一個根本，就是自己的父母、自己的家庭。夷子說自己對待所有人都一樣，那就是說每個人都有兩個不同的根本了。顯然，孟子認為夷子的說法是不成立的。

我們也經常會看到類似的例子，一些人放著自己的家人不管，卻一心一意去幫助和照顧別人，這樣的行為可能值得宣傳，但捫心自問，每個人都能做到嗎？或者說，我們願意像他們那樣做嗎？我想很多人都做不到。

儒家所倡導的，就是先愛自己和自己的家人，然後再去考慮愛別人。這一點在我們講過的《王陽明哲學》中也提到過，王陽明說：「父子兄弟之愛，便是人心生意發端處。」下面的根是什麼呢？就是愛自己。你先讓自己過好了，讓自己的家人過好了，才有能力和餘力去愛別人。

《鄉土中國》中有個非常重要的名詞，叫作「差序格局」。它認為中國人的人際關係就像水面上蕩起的一個漣漪，一層一層地蕩出去。離你最近的人，就是你家庭中的核心成員，妻子或丈夫、父母、孩子，再往外是姑表親、姨表親等，然後才是遠一點的親戚、鄰居、同事、熟人，最後一直蕩到不認識的人。在這個「漣漪」中，你對他們的態度一定是有差別的，也是有私心的。你如果不同意這種觀點，也可以這樣想：當自己最親近的人和你的敵人一起遭到安全威脅時，敵人對你說，你不能有私心，不能只考慮你的親人，你也得幫幫我。這時，你會怎麼做？不用我說，大家也知道怎麼做。

在我看來，孟子的觀點無疑更符合人性，也更具有操作性。說白了，就是要承認人是有私心私念的，每個人的行為也都是以自己和親人的利益為原點向外擴散，再推及他人、群體、社會的。正因為這種分別心，每個人才有不同的價值觀，人類才能制定出更好的制度和規則，確保這個社會更好地發展。

欲貴者，人之同心也。人人有貴於己者，弗思耳。人之所貴者，非良貴也。

——《孟子．告子上》

真正的尊貴始於內在的尊嚴

很多人渴望受到他人的尊崇，所以才會有很多人熱中於追求名利，追求高官厚祿。而這些通過他人或者通過外界爭取而來的尊崇，孟子將其稱為「人爵」，與其相對的，則是「天爵」，「爵」即爵祿的意思。

「人爵」指的就是偏於物質的、外在的爵位，必須靠人委任、封賞或繼承才能得來。比如，我們參與大學教授的評定，如果評上了，這是學校授予我們的；而「天爵」指的就是精神上的、內在的爵位，無須誰來委任或封賞，也無法世襲繼承。比如，我們想要成為一個詩人，那就去寫詩好了；我們想要做一個好人，那就去行善好了，這些是我們隨時隨地都可以做的。而由此得來的尊重和榮譽，也是我們去做這些事而產生的自然而然的結果。

當然，無論是「人爵」還是「天爵」，獲得之後都可以讓我們收穫尊重。但是從本質上說，二者又有著明顯的區別，這關乎不同的選擇。

晏嬰在代表齊國出使楚國的時候，遭到楚國的各種刁難和設計。楚王之所以想盡辦法打壓晏嬰，就是想通過這種方式來凸顯自身的尊貴。或許一般人在面對這樣的君王時，都會因為畏懼或者誘惑而選擇順從和迎合，但晏嬰並沒有屈服，他甚至沒有因為楚國侮辱性的待客之道而憤怒離去，反而用一句「嬰最不肖，故宜使楚矣」扭轉了局勢。

表面上看，晏嬰說這句話是在貶低自己，但實際上卻將自己放到了一個更為尊貴的位置，而晏嬰最後也因為自身堅定的立場而獲得了楚國的尊重。

此舉不僅維護了自己的尊嚴，更維護了自己國家的尊嚴。

晏嬰在齊國備受君王賞識，但即便位高權重，也從來不講排場，不奢侈浪費。他的生活始終十分簡樸，就連齊景公親自賞賜，他都拒不接受。

有一次，晏嬰出使他國，齊景公自作主張地將晏嬰的舊房進行了改造，還配備了壯馬華車，意在給予匹配他身分地位的賞賜。但晏嬰回來之後，卻拒不肯回家，他解釋說：「我節儉樸素，是為了給百姓做出表率，避免奢靡之風的盛行。如果君臣都安於享樂，百姓也會爭相效仿，最後導致品行不端，以後再補救就難了。」齊景公無奈，只好恢復了住房原貌，晏嬰這才回到了家中。

關於這一點，孟子也曾提出過自己的觀點：「欲貴者，人之同心也。人人有貴於己者，弗思耳。人之所貴者，非良貴也。」意思說得很明白了，希望得到尊貴是每一個人都有的心理，不過每個人其實都擁有很尊貴的東西，只不過我們沒有想到它而已。而別人給予的尊貴，並不是真正的尊貴。

和珅大家應該都不陌生，乾隆年間皇帝面前的大紅人。他這一生，追名逐利，直至富可敵國，但最後的結局卻十分淒慘。早年間，和珅憑藉著精明能幹獲得了乾隆皇帝的信任和喜愛，後來通過長子與皇室的聯姻，又成為皇親國戚。

官運亨通、大富大貴的和珅並沒有就此滿足，仍然追逐著權和利。隨著私欲的日益膨脹，他利用自身職務之便，開始結黨營私，大肆斂財。和珅所追求的就是我們所說的「人爵」——官位給他帶來的權威，錢財給他帶來的尊貴。到最後，嘉慶皇帝列舉他的條條罪狀，下旨將他革職下獄，最終將其賜死，並收繳了他的全部財產。為此民間曾流傳一句民謠「和珅跌倒，嘉慶吃飽」，可見和珅生前斂財數目之巨大。

直到今日，這件事仍然被人們反覆當作反面教材來教育世人。所以，外物賜予我們的尊貴很容易消散。我以前講過一本書，叫作《自尊》。這本書告訴我們，如果不能找到內在的自尊，總是希望通過別人的給予來證明自己的價值，是無法得到真正的尊重的。所以正如孟子所說，真正划算的是修養自己的身心，讓自己的內在獲得尊嚴感。當我們能夠做到自尊自愛，自然而然就會獲得別人的尊重和擁戴。

生，亦我所欲也；義，亦我所欲也。二者不可得兼，舍生而取義者也。

——《孟子．告子上》

找尋喪失的本心

梵谷，很多人都不陌生，一個生錯時代的偉大畫家。二十七歲才正式步入畫家生涯的梵谷，在自己人生最後的十年，創作了超過兩千幅作品，其中就包括我們現在熟知的自畫像系列、星空系列、向日葵系列等等。如今，梵谷的很多作品都躋身全球最名貴的藝術作品行列，但可悲的是，他在生前卻沒有得到別人的欣賞，而面對世人的冷漠以及自身窮困潦倒的處境，梵谷從未放棄自己繪畫的夢想。

梵谷對藝術的癡迷甚至達到了瘋狂的狀態，他曾在精神崩潰的時候，親手割掉了自己的一隻耳朵，為的就是畫一幅自畫像。或許那只是因為一場爭吵，抑或是想要抑制住自己難以平復的激動，我們無法確切地知道梵谷究竟遭遇了什麼，但是當我們面對他創作出來的《割耳朵後的自畫像》時，看到的不是疼痛，倒彷彿是一個戰士在親身經歷過風暴後，眼裡所流露出來的悲憤和絕望，那是一個藝術家最用力的吶喊。這就是梵谷，他沒有把自己的畫當作迎合市場的商品，他深刻清楚自己的本心，畫著他想畫的畫。

梵谷生前沒有獲取名和利，而且英年早逝，但他失敗了嗎？或許並沒有。

孟子在《告子上》中曾說：「生，亦我所欲也；義，亦我所欲也。二者不可得兼，舍生而取義者也。」意思是說，生和義都是我想要的，但是當二者不可兼得的時候，我會舍生而取義。後面他又進一步解釋說，生確實是我想要的，但有些東西比活著更重要，所以不能苟且偷生。

在這裡，「義」指的並不是我們常說的「義氣」之類的東西，而是指每個人內心的追求，我們心中的道義，即「本心」。

當年戊戌變法的時候，譚嗣同是可以提前離開避免被抓捕的，他已經提早收到了線報，而且別人也已經給他安排好了逃離路線，但是他沒有選擇離開，在他看來，古來變法沒有不流血的，他就要成為這場變法中流血的第一個人，正所謂「我自橫刀向天笑，去留肝膽兩崑崙」。這就是孟子說的「所欲有甚於生者，所惡有甚於死者」。

孟子說，不僅賢者有這樣的心，人皆有之，只不過賢德的人不易喪失這種思想。其實，每個人都有自己的本心，只是很多人最後迷失掉了而已。

在《告子上》中，孟子接著說：「萬鐘則不辯禮義而受之，萬鐘於我何加焉？為宮室之美、妻妾之奉、所識窮乏者得我與？」大意是，給我高官厚祿，我如果不管是否合乎禮義就全部收下，那麼高官厚祿對我又有什麼好處呢？難道是為了住宅的華麗、妻妾的侍奉和熟識的窮人的感激嗎？在孟子看來，如果被這些外在的誘惑所裹挾了，就會失去本心。

年輕人在剛剛走上社會的時候，大多滿懷理想，希望能夠幹一番事業。但隨著時間的流逝，當有了一定積蓄、買了房子、結了婚之後，就很容易被

「宮室之美」、「妻妾之奉」所裹挾。慢慢地，心隨外物而去，初入社會的一些理想和抱負多半已經被拋諸腦後。

有一次，許知遠到我的直播間來跟我一起推薦書，當時我們倆談到了一個很有意思的話題。他說，現在很多人都活得並不快樂，因為他們很少去想生活的意義，也很少去想自己要成為一個怎樣的人，而是把注意力都放在了一些小事情上，比如哪裡的超市或商場又打折了，哪裡的東西比別的地方更便宜了。其實，人生之道與學問之道異曲同工，孟子說：「學問之道無他，求其放心而已矣。」學問之道沒有別的，不過就是把失去的本心找回來罷了。學問之道如此，人生之道亦如此。

盡其心者，知其性也。知其性，則知天矣。存其心，養其性，所以事天也。殀壽不貳，修身以俟之，所以立命也。

——《孟子・盡心上》

本自具足，才能心生力量

佛家有個術語，叫作「本自具足」，簡單來說，它的意思就是我們要意識到自己什麼都不缺少，不需要再向外界索取能量，自身就能發光發熱，自成一體。如果結合現實來解釋的話，就是一個人能把自己的心照顧得很好，內心充滿陽光，自己感覺到喜悅和滿足。

關於這一點，我在日本企業家稻盛和夫[1]的《心》一書中體會是最深的。

稻盛和夫從一個膽小怕事，甚至連高中都沒考上的普通孩子，最終成為聞名世界的經營之神，他的成功，絕不僅僅在於他有經營天賦，也不在於他洞悉了商業世界的發展規律，而在於他參透了人的天性和本性。所以，他在書中說了這樣一句話：「作為人，何謂正確？」說到底，人怎樣活才有意義呢？稻盛和夫認為，生命的意義就在於不斷去接近真我，使我們本自具足，不斷地修煉自己，讓心靈保持美好和純粹的狀態，這才是人要做的最重要的事。

稻盛和夫的這種觀點與孟子的觀點不謀而合。孟子曾說：「盡其心者，知其性也。知其性，則知天矣。存其心，養其性，所以事天也。」意思是說，人要充分發揮善良的本心，這樣就能知曉人的本性。了解了人的本性，就知曉了天命天道。保持人的本心，養護人的天性，就是遵循天道了。也就是說，人要想真正地獲得快樂和滿足，不應該去外界尋找，而應該回歸自己的本心，

1 編註：稻盛和夫（1932～2022），日本知名企業家。曾任京瓷暨日本航空名譽會長（董事長）、公益財團法人稻盛財團理事長。主要著作有《生存之道》、《如何思考》、《稻盛和夫的實踐阿米巴經營：全員獨立核算收支損益》、《稻盛和夫的實學》、《活下去的力量》等。

存心養性，從本心中去尋找。

說到這裡，可能有人會說，我的本心就是想住大房子，買豪車，當大官，我怎麼辦？

孟子告訴這樣的人，你好好地想一想，就會發現，你在世界上追求的那些名、利、權、情等，並不能讓你的內心得到安全感，因為這些東西都是外在的。你如果不存心養性，就很容易被這些外部的慣性牽著走。你喜歡住大房子，是因為別人住的房子比你的大；你想買豪車，是因為別人的車比你的好；你想當大官，是因為有人比你的官更大。但是這些，都不是出自你本心的需求，而是外界需求在左右著你。

梭羅在《湖濱散記》中寫道：「塵世間有許多有形和無形的枷鎖，總是令我們違背初衷。然而，仔細想想看，阻擋我們的不是任何人和任何事，只是我們自己。」

說起梭羅，他的人生活法簡直就是把孟子的這句話理解到了極致。

梭羅畢業於哈佛大學，在畢業之後，他並沒有像身邊的人那樣，去追求高薪的工作和富有的生活，而是選擇了一份普通工作，後來乾脆返回家鄉當了一名中學教員。但因為與學校的教育理念不合，他很快就辭職了，之後又回到家，在父親的鉛筆廠上班，學習製造鉛筆。

不過，梭羅很快就厭煩了這種枯燥乏味的生活，加上當時經濟發展迅速，隨處可見的工廠，無時無刻的噪聲，破壞了人們生活的安寧。於是，梭羅就做了一個「大膽」的決定，放棄舒適的生活，來到了瓦爾登湖畔。在這裡，他日出而作，日落而息，與大自然融為一體，感受著大自然帶給自己的無窮的生命活力，也重建了自己的內心。他認為，人在這個世界上，只要獲得一點能夠生存的熱量就足夠了，其餘時間用來做什麼呢？就是充分地存心養性，讓自己的內在變得富足、安寧。

在今天看來，不管是孟子的主張，還是梭羅的做法，都與很多人的想法、做法背道而馳。現在，很多人的心都在向外奔馳，跟著外部世界到處跑：別人喜歡什麼，我也喜歡什麼；別人追求什麼，我也追求什麼。這時你會發現，你就只能「事」你的肉身，而不能「事」天，也不是在遵循天道。

那麼有些人就會不解，說我如果遵循天道，我能有什麼好處呢？我可以活得更久嗎？

對此，孟子認為，人生際遇無非就是死生禍福，超越禍福是一種境界，看透生死又是一種境界。無論我們的壽命長短，都不應該改變存心養性的態度。想做到真正的安身立命，就不要去憂慮自己壽命的長短，而是要超越生死，做自己力所能及的修身養性的事情，只問耕耘，不問收穫，才是真正達到了化境，才能讓自己的內心獲得安寧。

否則，你每天都在考慮怎麼讓自己活得更久，讓自己得到更多，甚至去想要不要挑戰一下運氣，最後你會發現，僥倖帶來的結果就是失去更多。更重要的是，這會讓你的本心不再。你每天都生活在跌宕起伏之中，被外界所左右、干擾，內心充滿了焦慮、害怕，患得患失，怎麼可能不痛苦呢？

稻盛和夫也說：「人生的一切，都始於心，終於心。」唯有不斷地向內追求，讓自己的內在充實了，你才不會整天去計較外部世界的得失。人到了一定的境界就會明白，那些身外之物往往在熱鬧的時候才能體現出價值，而內在的富足才是人生質量的分水嶺，決定著你的未來走向和人生幸福。

第二章

人生的節奏

王知夫苗乎？七八月之間旱，則苗槁矣。天油然作雲，沛然下雨，則苗浡然興之矣。其如是，孰能禦之？

——《孟子．梁惠王上》

遵從自然規律，才能萬事暢達

任何事情的發生與發展，都有其必然的原因和規律。如果不知道事物的發展規律，就不會理解其中不可遏制的趨勢。古人常說「尊重天道，敬畏自然」，本意就是遵循規律，不論是個人還是國家、社會，如果做了違背規律的事，都很難有好的結果。

這就像農民種莊稼一樣，他是不敢欺騙老天爺的，他不能手裡拿著種子假裝在地裡撒撒，就說「我撒過了，你趕緊讓莊稼長出來吧」，然後回到家等秋天收穫。這是不可能的，因為他違背了自然規律。

古人早已了解了這一規則，《韓非子．揚權》中就寫道：「謹修所事，待命於天，毋失其要，乃為聖人。聖人之道，去智與巧。智巧不去，難以為常。」意思是說，國君要謹慎地運用治術，遵循自然規則，不要失去治國的要領，才能成為真正的聖人。聖人治國時，要摒棄聰明和靈巧，否則就難以維持國家的正常秩序。

作為古代大儒的孟子，對此更是深有感觸，在梁襄王向他請教天下一統的根本時，他告訴梁襄王：「不喜歡殺人的人，就能統一天下。」

孟子為什麼這樣說呢？這在當時其實是有違國君所理解的常識的。要知道，在春秋戰國時期，各個諸侯國都在努力加強自己的軍備力量，四處征兵、討伐，盡可能多地殺掉別國的人，才可能讓自己獲得一塊立足之地。而孟子竟說不喜歡殺人的人才能一統天下，顯然這與當時各個國家的主張是不一致的。畢竟在當時，你不殺人就代表沒能力，鎮不住人，這樣誰會跟著你幹革命呀？

孟子所要表述的，既是自然規律的問題，也是人生規律的問題。就像你在地裡種下禾苗一樣，如果七八月間天不下雨，禾苗就枯槁了。這時要是下一場大雨，禾苗很快就能煥發生機，任誰都擋不住它的長勢，因為這遵從了自然規律。而當時天下的國君沒有一個不喜歡殺人的，如果突然出現一個不嗜殺的國君，全天下的老百姓肯定都會等著他來營救自己。老百姓一旦歸附於這個人，那就像瀑布的水傾瀉下來一樣，這股強大的力量誰能擋得住呢？這才是孟子真正要傳達的觀點。

我們常說，歷史發展的車輪滾滾向前，誰來阻擋都是螳臂當車，完全沒用。這就遵循了一定的自然規律。我在講書時也多次講過，這個世界有兩種規律，一種是自然規律，一種是社會規律。比如說，我打敗了你，你的領地被我占有了，短期來看，這是社會規律在起作用，但從長期來看，一定是自然規律在起作用。

就拿秦始皇統一六國來說，秦始皇是個嗜殺之人，殺了很多人，滅了六國，建立了大一統的中國。表面看，這是以武力、嗜殺實現了「定於一」，似乎與孟子的觀點相左。然而如此強大的秦國，卻僅僅維持十五年就被滅亡了，最終讓天下安定下來的是漢朝。漢朝只在開國階段打了一段時間的仗，到文景之治時便開始讓百姓休養生息，不再打仗。所以你會發現，在文景之治之後，漢朝的所有鬥爭基本都限制在朝廷之內，對老百姓影響很小，這才是真正的「定於一」。

那麼漢朝的好日子是什麼時候結束的呢？是到漢武帝之後結束的，因為漢武帝不但好大喜功，還有一個極大的缺點——殺人成性，大臣犯一點小錯，他直接就將其處死，毫不留情。在這種狀況下，漢朝最終走向滅亡也就成為自然而然的事了。

人的一生往往是自然規律和社會規律共同作用的結果，綜合來說，社會規律會在短期內起作用，如果我們把時間拉得足夠長的話，最終真正起作用的永遠是自然規律。

但是，很多人卻只看到社會規律，看不到自然規律。我在生活中就見過很多人，在選擇自己的職業時，希望能一次性找一個安穩的工作，或者當一個小官，這樣一直幹下去。這時社會規律就起作用了，因為這份工作看起來的確很穩定，也能讓你有一定的地位，受人尊敬。可如果你在職場上混了好多年，除了喝酒應酬外什麼都沒學會，內心一天比一天空虛，那麼有朝一日你就極有可能被職場淘汰。這就是自然規律在起作用了。

我有一位朋友，花了不少錢把自己的兒子送進了一所重點高中，當時他很高興，認為孩子的一條腿已經邁進高等學府了。

這種心情不難理解，畢竟重點高中的教學質量好，老師水平高，教育方法更科學，孩子接觸的同學更優秀，確實有利於孩子的學習和成長。

然而慢慢他發現，由於孩子之前學習成績一般，進入重點高中後，根本跟不上學習進度，成績經常墊底，孩子也因此變得焦慮、自卑，甚至鬧著要退學。

你看，這就是非常明顯的社會規律與自然規律的關係。

我之前看過一本書，名叫《世界觀》，裡面就提到，當先進的世界觀替代落後的世界觀時，永遠都會以摧枯拉朽之勢爆發出來。在牛頓的時代以前，宗教的世界觀非常強大，人們執著於各種奇奇怪怪的法術，然而當牛頓出現，科學開始在這個世界上傳播的時候，就產生了摧枯拉朽的力量。先進的生產力，先進的思維方式，先進的世界觀，快速替代了腐朽的世界觀，不論曾經的世界觀如何強大。這都是自然規律發展的結果。

孟子與梁襄王所講的，就是孟子所設想的先進的世界觀，讓老百姓過上好日子，就如同久旱的禾苗淋了一場大雨，民心歸附，任何人也阻擋不了你。人遵循了自然規律，按規律辦事，就會萬事暢達；否則，就會受到懲罰，這種懲罰也會體現在生活的方方面面，看似是天災，實際是人禍。

非其道，則一簞食不可受於人；如其道，則舜受堯之天下，不以為泰，子以為泰乎？

——《孟子．滕文公下》

認清自己的價值很重要

在春秋戰國時期，很多人對知識分子存有偏見。他們不清楚知識分子在整個社會發展、文明進步歷程中的重要作用，只是用很簡單的方式看待問題，認為知識分子的很多做法不過是為了混口飯吃，做不出任何有實際價值的事情來。有些人甚至認為，他們都不如那些體力勞動者，因為體力勞動者可以參加勞動，靠自己的勞動賺錢吃飯，這是天經地義的。知識分子就坐在家裡讀讀書，說說「之乎者也」，能有什麼用呢？

孟子的學生彭更，就問過孟子這樣的問題。孟子作為當時的大儒，經常有諸侯國請他前去，每次排場都很大，給的錢也很多。他的學生彭更很不理解，就問孟子說：「老師，您看我們作為讀書人，每次隨從車輛都有幾十輛，跟隨者上百人，從這個諸侯國吃到那個諸侯國，是不是有些過分了？」

孟子回答說：「如果不符合道義的，就是一碗飯，我都不要；如果合乎道義的話，舜從堯那裡接受整個天下，也不過分。你覺得我現在這樣過分嗎？」言外之意就是，難道你認為我的做法不符合道義嗎？

彭更聽了孟子的話，急忙否認，但他又說了一句話：「士無事而食，不可也。」我們這些讀書人也沒做什麼事，天天四處白吃白喝，這不行呀！

孟子聽了，就給彭更講了一段話，說你認為讀書人是無功而食，卻不知道讀書人的功勞很大。因為社會的運行是靠大家通功易事，分工協作，互通有無的，這樣才能以多餘來彌補不足。否則，農民種的糧食賣不出去，只能堆在家裡；女子織的布別人穿不著，也只能堆在家裡。只有通功易事，那些木工、車工才能從農夫那裡買到糧食，從女子那裡買到布匹。同樣，一個人有學識、有道義，可以幫助國君治理國家，實施仁道，傳播仁義，那麼也應該從國君那裡獲得相應的報酬。為什麼你能尊重木工、車工，卻要輕視仁義之士呢？

孟子的這段話，我自己深有感觸。現在互聯網上經常有人寫文章，說樊登讀書現在靠賣知識掙了多少多少錢，太不應該了！講知識還要收錢，哪有這樣的事兒？

這與彭更的觀點簡直一模一樣。既然你認為體力勞動者賺錢是應該的，那作為腦力勞動者，我們賺錢為什麼就不對了呢？

我現在一年要講五十二本書，內容涵蓋經濟學、心理學、國學、管理學、哲學等多個方面。每講一本書之前，我都要認真閱讀這本書，找出其中的重點內容，雖然不需要像學者那樣鑽研得很深，但起碼要知道一些學科的研究方法，以便我在講的時候，不至於讓聽眾感到這個話題很陌生。這個過程需要涉獵很多方面，也需要花費很大的精力，這是一種腦力付出。而作為聽眾，我們所講的知識給你的生活帶來了改變，讓你學到了知識，那麼你為知識付費不就是再正常不過的事了嗎？孟子早在幾千年前就懂得這個道理，我想今天大家也應該明白這個道理吧！

實際上，孟子更想強調的是，知識分子並不完全像體力勞動者一樣，靠著知識或技能來混口飯吃，很多體力勞動者、手工藝人等，他們勞作幹活、做各種手藝，目的就是找口飯吃。但孟子認為，知識分子的核心價值應該是看他有沒有為別人的生活帶來改變，有沒有為國家、為社會創造價值。如果你只會拿著自己所學的知識四處坑蒙拐騙，煽動他人的情緒，欺騙他人錢財，也能混口飯吃，但這卻不是知識的真正價值。知識真正的價值應該是「入則孝，出則悌，守先王之道，以待後之學者」，如果你能這樣利用知識，這才是你的獨特價值所在。

所以，不論是古代像孟子這樣的知識分子，還是我們今天的知識分子，都不應該自慚形穢，認為學知識就是為了混口飯吃，配不上「後車數十乘，從者數百人，以傳食於諸侯」。如果你這麼想，就陷入與彭更一樣的誤區，大錯特錯了。我們一定要認清自己的價值，認識到自己能夠依靠知識為社會做出貢獻。有些知識分子的勞動即使不太容易通過物質的方式體現出來，也可以通過長遠的，甚至是深刻的社會認同方式體現出來。

說句題外話，其實不光孟子認同知識是需要收費的，孔子也認同，並且他也這麼做過，只不過他收得少，一般也就收幾條乾肉而已。我們比較一下兩人的「生意」就會發現，孔子做的是2C（面向普通用戶）的生意，孟子做的是2B（面向企業客戶）的生意。孔子的學費都是從學生那兒直接收來的，所以孔子不是很有錢；而孟子是真的很有錢，他每次都是貨與帝王家，全都是像梁惠王、齊宣王這樣的大國君主給予他的俸祿，並且還把他奉若上賓。這樣看來，我們現在就是把孟子稱為知識付費的鼻祖也不為過。

齊饑。陳臻曰：「國人皆以夫子將復為發棠，殆不可復。」孟子曰：「是為馮婦也。」

——《孟子．盡心下》

謀事做事，量力而行

儒家思想裡有一種觀念，不能叫作淺嘗輒止，但也有不勉強、不強求的意味。一個儒家學派的人對國君進忠言，君主不聽，一般情況下是不會發生死諫的——道不同，不相為謀，走就是了，你作為國君不明白我說的話的道理，看問題看不到其內涵和本質，那最好的方式莫過於分道揚鑣，相忘於江湖。不顧顏面地反覆苦口婆心地勸諫，換回來的絕大多數是冷漠的置之不理，何必自討沒趣呢？這在儒家思想裡，稱為「明知不可為而為之」，是不智的做法。

陳臻問孟子，齊國這次又鬧饑荒了，大家都認為您還會像上次那樣為了這事去見國君，懇請他開倉賑糧，依我看，您不會這樣做了吧？孟子如是作答：「是為馮婦也。」

這個馮婦，大家不要以為是一個馮姓的婦人。這裡是有典故的，從前晉國有個人叫馮婦，他最大的本領就是徒手捕縛老虎。到後來他認為自己的行為是很危險、很粗野的，於是就金盆洗手不幹了，決心做一個舉止文明的人。後來，有一天，他來到山林之中，看見一群人正在圍捕一隻老虎，卻是圍而不捕——因為沒人有生擒老虎的本事和勇氣。這時候，大家看到馮婦來了，喜出望外，紛紛請他幫忙出手縛虎。馮婦此時忘卻了金盆洗手的誓言，殺心頓起，捲起衣袖便下車了。現場的人個個歡欣鼓舞，但這事傳到其他人的耳朵裡，卻都譏笑他不能嚴守承諾，不懂得適可而止。後有成語「再作馮婦」，比喻金盆洗手後又重操舊業，言行反覆，不懂得節制自己。

注意，在這個時刻，孟子和齊王的關係已經不那麼親近了，齊王不再虛心採納孟子的建議，所以即便孟子向齊王進諫，齊王也未必會納諫。因此，孟子不會明知不可為而去自取其辱的。所以他說道，我要是那樣做，就成馮婦了。

我想起《三國演義》裡的益州從事王累，他看破劉備的陽謀，就是要假借幫助劉璋抵禦張魯進而吞併益州，於是以死勸諫。劉璋不聽，他就把自己捆在城門上，待劉璋經過時，將繩子砍斷摔死在劉璋面前[2]。

王累的判斷是對的，但是他對得太歇斯底里，對得不給自己留任何後路，這是不可取的。他都沒了解劉璋是個什麼樣的人，就通過赴死這種愚忠的方式，結束了自己的生命，實際是太不自愛了。

一個人應該在任何時候都使自己保持在進退自如的狀態，避免災難性的後果發生，同時也給自己給他人留有餘地。由此，我想到創業領域。

2 註：《三國志》中記載的是王累自刎而死。

在線下讀書會時，經常會有學員找我討論關於創業的問題。在與他們的交談中我發現一些人創業失敗並非因為他們沒有全力以赴，反而是因為他們過於投入，但沒有做到量力而行，從而導致了自身的失敗。

創業本身是不可控的，並非努力了就一定會成功。在創業時期總會出現各種各樣預想不到的問題，並且時間越久問題就越多。如果將創業目標設得過高，那創業者的精力與資源絕大部分都會浪費在解決這些問題之上。但人的資本和精力終歸是有限的，創業者在過於遙遠的目標未實現之前，就會先被各種問題所吞沒。

我一直以來都在提倡創業者要做到低風險創業。而量力而行就是低風險創業的一種。每個創業者在創業前肯定都會有自己的遠大理想，但殘酷的現實卻是大部分人自身的實際情況遠不能貼合自己的理想。如若過於不切實際地追求自己的目標，那等待著創業者的必定就是失敗，就像《孟子》中記載的這個故事。

所以說，為了有效避免失敗，在創業之前一定要合理評估自身能力與創業目標。清楚自己現有能力究竟能完成什麼水平的目標，然後將自己的創業理想進行合理的切割和分配。先去努力實現自身能夠完成的目標，在這個合理的範圍內進行創業。最後在此目標成功的基礎上，再逐步向最高理想發起衝擊。

在做任何事情時，都需要合理的規劃，在認清自己能力的情況下拚搏才能夠獲得回報。如果好高騖遠，想讓山腳下的自己一步登天，獲得山巔的寶藏，是根本不切實際的幻想。這種目標下的盡力而為不僅得不到回報，還會浪費自己本就有限的精力和財力，讓自己很難再擁有下一次拚搏的動力。

人生的道路很漫長，只有合理規劃好自己的人生，這條路才會走得扎實又精采。

仁之勝不仁也，猶水勝火。今之為仁者，猶以一杯水，救一車薪之火也；不熄，則謂之水不勝火，此又與於不仁之甚者也。亦終必亡而已矣。

——《孟子・告子上》

堅持，是先行者的基本準則

我們常說，身體是革命的本錢，擁有一副好身體是越來越多人的渴望。於是，健身房裡的人越來越多，養生課堂上的人也越來越多。但現實卻是，很多人的身體素質似乎並沒有提升，面對別人的完美身材只能心生羨慕。細究原因，多半是不能堅持造成的。

想要通過健身來達到健康的目的，需要沉浸式的鍛鍊，更需要長時間的堅持，但有多少人能做到這一點呢？我們去健身房鍛鍊，經常會遇到一些辦卡的活動，月卡、季卡、年卡，時間越長越划算。但是，越來越多的人寧可多花一些錢也選擇辦次卡，就是因為對於堅持這件事並沒有太多信心。

堅持，不僅是健身的不二選擇，在生活工作的其他領域，同樣是獲得成功的重要因素。孟子曾說：「仁之勝不仁也，猶水勝火。今之為仁者，猶以一杯水救一車薪之火也；不熄，則謂之水不勝火，此又與於不仁之甚者也。亦終必亡而已矣。」大意是說，仁勝過不仁，就像水可以滅火一樣。但如今行仁道的人，就像用一杯水來撲滅一車木柴的火焰一樣，火焰不熄滅，便說水不能撲滅火。這樣的做法正好助長了那些不仁之徒的囂張氣焰，結果連自己原有的一點點仁也失去了。

我們熟知的「杯水車薪」的故事就源於此處。用一杯水去救一車著了火的柴火，注定撲不滅，而且很可能得不償失。不僅會把自己的一杯水賠進去，還有可能起到火上澆油的作用，讓火勢更猛。

正如我們去健身，原本是為了身體健康，獲得好身材，但我們沒有付出相應的時間和汗水，效果自然不理想。而且，短暫的鍛鍊還有可能增加我們的食欲，結果讓我們的身體因為吃得更多而變得更糟糕。當然，其中最重要的原因是我們沒有足夠的毅力去堅持和付出。

樊登讀書當初在做閱讀推廣的時候，曾遇到很多阻礙，甚至遭到很多質疑。周圍很多人都說做這個沒有什麼前途，根本沒有人會來聽書。但是我們堅持了下來，最終的結果大家都看到了。而且這時候，原來那些唱反調的人都反過來承認這是一門好生意。

很多人都希望能有一個妙招，能夠讓生活或工作中的一些難題立刻獲得解決，但實際上這樣的妙招根本不存在。如果說真的有妙招，那也是——堅持。我曾講過一本書叫《刻意練習》，這本書告訴我們，做任何事都要堅持，反覆練習之後，才能獲得成就和成功。

李善友教授講創業有一個原則，叫擊穿閾值。閾值就是臨界值，舉個簡單的例子，比如我們在燒一鍋水，在這個過程中一直在添柴，一直燒到99℃的時候，水看起來都沒什麼變化，但一旦達到100℃，水就會咕嘟咕嘟滾起來，變成水蒸氣。100℃就是閾值。

孟子也曾說：「五穀者，種之美者也；苟為不熟，不如荑稗。夫仁，亦在乎熟之而已矣。」大意是說，五穀是種子當中最好的，但要是種不熟的話，還比不過野草。在我們實現人生價值的過程中，這一點同樣適用。想要實現心中的夢想，需要有耐心，需要堅持，需要我們變得越來越成熟。而這一切不能急，需要慢慢來，種子成熟了才能變成糧食，人的思想成熟了境界才會有所不同。

所以，健身也好，做學問也好，在獲得成效之前，我們都需要一顆恆心。有決心，有動力，再加上恆心的加持，我們才能有機會擊穿閾值，達到另外一個層面。

君子深造之以道，欲其自得之也。自得之則居之安，居之安則資之深，資之深則取之左右逢其原，故君子欲其自得之也。

——《孟子．離婁下》

學會學習，才能有所收穫

有個朋友和我講，他報名了一門工商管理博士課程，理由是該學校的系統化教學保證每位學員都能順利完成學業。我聽後大為詫異：怎麼會有這樣的系統？這樣的營銷敘事迷惑了很多人——要知道，學習這件事，是不可能有這種類似一按電鈕就通電的效能的。這個朋友顯然有兩點沒有搞懂，一是為了什麼而學習，二是該用什麼方法來學習。對應這兩點的，是學會學習的兩個先決條件，一是要知道學習是沒有任何捷徑的，二是學習並不是局限於書本、理論以及學歷和文憑的。

這個道理淺顯易懂，然而遺憾的是，當今社會過於浮躁的心態讓很多人忽略了它。

我以前講過一本書，書名叫《翻轉式學習：二十一世紀學習的革命》。在如何學習上，這本書為我們帶來了很多大有益處的內容。

這本書的作者之一丹尼爾·格林伯格在一九六八年協助創建了一所學校，叫瑟谷學校，它是美國第一家自主學習型學校。不同於以往的普通院校，瑟谷學校沒有教學大綱，沒有課程表，更沒有授課老師。瑟谷學校是自由的理想教育與終身學習的理想目標相結合的實際載體。作為自由教育的先驅，它完全尊重每個學生自主學習的權利。瑟谷營造自由、開放、民主的學習氛圍，提供學生自主思考問題的沉浸式學習體驗，以至於開辦之初，絕大多數人質疑這種完全放開的模式能否教好學生。

而實際是，自一九六八年創辦，五十多年來，在瑟谷學校學習過的人最後無一例外地取得了理想的大學學位，其中不乏有人後來成為知名學者與成功商人。如今，全世界發達國家中已經有五十多所類似瑟谷模式的學校和教育機構。

一言以蔽之，瑟谷更多的是在教它的學生如何「學會學習」。

在關於如何學會學習這件事上，孟子是這樣告訴我們的。他指出人要遵循一定的方法來加深造詣，從而讓自己學有所獲。知識只有學到自己內心裡去，才能牢固掌握；牢固掌握，才能逐漸積累，積累得深厚，用起來就能夠左右逢源。是日漸精熟的造詣加上經年日久的積累，造就了面對問題時的從容不迫和信手拈來，「故君子欲其自得之也」。

這裡，孟子講的兩點意思十分透徹：其一，學習是出於一個人的本心，你自己的求知欲才是學習的本質。其二，學習是一個積累的過程，而積累的素材源自各個領域，是長期伴隨質變的量變，不會有一步登天和功德圓滿的。

知識、造詣、經驗、方法，從來不局限於書本和理論。大量社會知識、生活常識、工作閱歷、人際關係，都是值得用心學習和加以積累的素材，是「左右逢其原」的必要條件。

我非常喜歡高爾基的著作《我的大學》中「阿廖沙」這一角色。他堅強勇敢且正直有愛，更重要的是，他善於觀察，凡事用心感受，這就是學會學習的必要潛質。在喀山奔波的歲月裡，阿廖沙的大學夢一上來就破滅了，但是在喀山這所「社會大學」裡，阿廖沙將碼頭和貧民窟作為教室，以那裡形形色色的人作為教材，給自己的思想帶來無盡的昇華，積累了大量寶貴的社會知識與見地。他深入了解俄國窮苦農民的底層生活，提高了思想覺悟，萌發了革命進步思潮，最終投身於浩蕩的革命浪潮，挽救了自我的同時迎來了新生。

並不是說走出象牙塔以後學習就結束了，也不是說學習就是鑽研書本和考取各種證書。要學習與人相處和溝通的方法，要掌握工作、生活中的技巧，積累各個領域的知識與經驗，進而增加自己對生活的認知和對知識的感受，讓自己擁有更健全的自我，成為一個人格完整、世界觀架構正確的人。

學習也並不只是讀書，和別人聊天的過程也能學習，參加會議、幫助他人和接受他人幫助也能學習，關心生活中的朋友、工作中的同事也能學習，甚至聽相聲、看電視劇還能學習。要注意觀察，用自己的心去感受，記住那些有用的理論，記住那些別人用過且成功用過的方法，去粗取精，加以效仿，學以致用。

這學習的過程會讓你潛移默化地變成另外一個人，變得有技術，有責任感，有契約精神，從而得到別人和自己的肯定，增強自己的信心，最後走到哪裡都不害怕。而學習的過程本身是漫長的，要克制情緒，抑制焦慮和浮躁的心性，然後就會享受到學習帶來的快樂。

凡有四端於我者，知皆擴而充之矣，若火之始然，泉之始達。苟能充之，足以保四海；苟不充之，不足以事父母。

——《孟子．公孫丑上》

要懂得擴充「四端」

現在是一個網紅經濟時代，雖然「網紅」這個詞頗有爭議，但我看到很多網紅都在傳播積極的價值觀，分享自己的各種知識和經驗，給人們的生活帶來不少便利。不過，也有一些網紅，為了「紅」簡直不擇手段，對著鏡頭進行各種低俗的表演，或者吃著各種各樣奇奇怪怪的東西，完全不在乎這些惡俗的趣味會不會給觀眾帶來不好的影響，只要自己能出名、能紅就行。

很多人也喜歡稱我為「網紅」，但我覺得，不管我是不是「網紅」，我們都應該給大家傳播正向、積極、善意的東西，而不能為了搏眼球，通過各種怪力亂神成名，這到最後傷害的一定還是自己。因為這些行為已經讓你丟失了羞惡之心、是非之心，結果一定是不好看的。

孟子曾經提出過著名的「四端」。其中的「端」，就是萌芽、發端、基礎的意思，孟子對這「四端」的解釋是：「惻隱之心，仁之端也；羞惡之心，義之端也；辭讓之心，禮之端也；是非之心，智之端也。」意思是說，惻隱之心是仁的萌芽，羞惡之心是義的起點，辭讓之心是禮的開端，是非之心是智的初始。一個人具備了「仁義禮智」這四端，就像身體有了四肢一樣，說白了，這才是一個完整的人。如果你有了這四端，還覺得自己做什麼都不行，那你就是在自暴自棄，殘害自己的本性。

孟子這段話其實是說，人天生是有四肢的，而惻隱之心、羞惡之心、辭讓之心和是非之心這四端，就像人的四肢一樣，也是生來就有的。一個人只要把這四端努力地擴而充之，不斷放大，「若火之始然，泉之始達」，就會像火剛剛開始燃燒，泉水剛剛從地下湧出來一樣，力量是非常強大的，甚至足以讓你保四海、安天下。反之，如果你不好好擴充它們，那你連自己的父母都侍奉不好。

我們現在也常會在電視上看到一些情感家庭類節目，內容就是一家人，包括父母兄弟等，互相吵架，目的就是分房子、分錢。兄弟姐妹之間吵不清楚，還要把父母拉出來一起吵，讓大家評評誰有理。這其實就是「苟不充之，不足以事父母」，四端沒有擴充，自己沒有獲得內在的浩然之氣，就沒辦法跟父母很好地相處，孝順父母。

還有那些傳播負能量的「網紅」，他們在做一些事、說一些話時，也不會想到自己的言行會不會讓人感到不適，會不會違反道德規則，會不會影響到小孩子的三觀。

此外，我們現階段社會上的種種怪現象，比如被扶老人訛人事件、滴滴司機殺人事件、各種傳銷事件等等，依照孟子的觀點，都是因為他們沒有擴充四端，任由惡意戰勝善念，最終害人害己。

孟子的這段話也成為他後來提出「性善論」的基礎，而孟子之所以用這麼多內容為「性善論」做鋪墊，目的就是推行他的仁政。因為如果人性是惡的，所有人都是壞人，你就不可能用仁政來推行天下。只有知道人心中都有「四端」，自己國家的人有，其他國家的人也有，而你只需要把它擴充開來，就能一統天下，你才會去積極地實施仁政。

後來，王陽明先生還以「致良知」概括了孟子的「四端論」，認為一個真正具備良知的人，一定是個常懷惻隱之心、明辨善惡、懂得適時辭讓、是非關頭保持人間清醒的人。

作為普通人來說，要時刻做到孟子所提倡的擴充四端和王陽明先生所謂的致良知，並沒有那麼容易，畢竟能做到這些的，可能已經是道德完善、品格完美的聖人堯舜了。但是，四端又是人人皆可從事的修行之道，只要我們在日常生活和工作當中有意識地擴而充之，遇到問題時不要怨天尤人，懂得反省自己，那麼它對我們的個人成長和發展還是大有裨益的。

勢不行也。教者必以正，以正不行，繼之以怒。繼之以怒，則反夷矣。……古者易子而教之，父子之間不責善，責善則離，離則不祥莫大焉。

——《孟子．離婁上》

想教好孩子，先活好自己

對於很多做父母的人來說，人生中除了健康、事業之外，最重要的事可能就是教育孩子了。這不僅因為我們對孩子的成長和未來十分關注，還因為我們的一言一行都會對孩子產生極大的影響。《父母的語言：三千萬字，給孩子更優質的學習型大腦》的作者認為，「孩子一生的學習、行為以及健康狀況都建立在與父母積極的、相互回應的、禮尚往來的基礎之上」。

麻薩諸塞大學心理學教授愛德華・特羅尼克曾在網路視頻上完成了一個令人難忘的「靜面實驗」。這個關於寶寶社交需求的實驗，讓人感觸頗多。

在視頻中，一位年輕的媽媽將她的寶寶扣在一個很高的椅子上，然後跟寶寶互動嬉戲。過了一會兒，媽媽突然背對寶寶幾秒鐘，當她再次轉過身面對寶寶時，面部猶如一張白紙，毫無表情。寶寶茫然地打量著媽媽，接著又露出陽光般燦爛的笑容，朝著媽媽揮舞小手，試圖引起媽媽的回應，但媽媽仍舊面無表情。嘗試了幾次後，媽媽的表情都沒有變化，寶寶開始變得沮喪，僅僅三分鐘後，寶寶便情緒崩潰，大哭起來。

這時，媽媽又讓自己恢復了之前溫柔慈愛的表情，開始逗弄寶寶，寶寶又慢慢變得高興起來了。

這個實驗就讓我們看到了父母對孩子的影響到底有多大。很多時候，我們可能無法想像或者根本不知道，自己無意中的一句話、一個表情、一個動作，會對孩子產生怎樣的影響。

在《孟子》一書中，也涉及父母與孩子之間的相處方法，以及父母對孩子的影響等。比如，孟子的學生公孫丑就曾經問孟子：「都說從古到今，君子不會直接教自己的孩子，這是為什麼？」孟子回答說：「勢不行也。教者必以正，以正不行，繼之以怒。繼之以怒，則反夷矣。」意思是說，這些人並不是不教自己的孩子，只是情勢上行不通。因為在教自己的孩子時，教的都是正道。如果用這些正確的道理教育孩子後，發現沒有效果，那麼父親就會發怒。一發怒，就會傷害父子間的感情，讓家庭失了和氣。父子間感情不好，家庭不夠和睦，對孩子的成長肯定是不利的，這樣的教育就失去意義了。

孟子的這一觀點在今天也仍然很有道理。我相信很多人都有這樣的感受：自己在家教不好孩子，孩子不聽話。但同樣的話，老師說給孩子聽，孩子就願意聽。為什麼？

原因就在於父母教孩子的那些道理，有一些自己也做不到，比如不能玩遊戲、不能拖拉、不能說髒話等，但他們自己卻可能會在家裡玩遊戲，自己做事也會拖拉，也會忍不住說髒話。這時，孩子就會不服氣：憑什麼大人能這樣做，我就不能呢？也即「夫子教我以正，夫子未出於正也」，你要我做這做那，你自己卻沒有做到呀！於是，之前的教育就失效了。

老師教孩子的那些道理，跟父母教的沒有太大區別，但孩子之所以更願意聽老師說的，是因為老師在孩子面前展現出來的都是正能量，老師說給孩子聽後，自己也會做到。當然，老師也有做不到的事情，只不過在孩子面前，他們會把這些自己做不到的事情掩藏起來，不會在孩子面前表現出來。

古人早已深諳此道，所以他們才會「易子而教之」，互相交換著教育孩子，你的孩子我教，我的孩子你教。這樣一來，孩子所接觸的都是老師善的一面，學的也都是善的道理。

與此同時，孟子還提出一個重要的觀點，就是「父子之間不責善，責善則離，離則不祥莫大焉」，即父子之間不要相互求全責備，要求太多，否則就可能造成更大的不幸。

我認為孟子這句話說得特別好。我們反思一下，現在有多少家長與孩子之間都在互相「責善」？我就經常聽有些家長說，我想讓孩子彈琴，別的事都可以不在意，但彈琴必須要堅持，還要彈好，如果孩子不能堅持，我就狠狠地懲罰他。可是，孩子真的喜歡彈琴嗎？即使彈好了，未來就要靠這個生存嗎？未來一旦人們發明出一種自動彈琴的東西，你的孩子是不是就會因此而失去生存的技能？

這就是一種求全責備，結果孩子不但沒有從中得到更多快樂，還影響了親子之間的感情，得不償失。

那麼，我們是不是完全不能夠教自己的孩子呢？

我個人認為，其實是可以教的，但有個前提，就是你自己一定要先成為一個表裡如一、內外一致的人。你希望孩子什麼樣，自己首先就要做個這樣的人，這時孩子才會覺得你是坦蕩的、真誠的，與你相處也會更加舒適，學你的樣子也會更加自然。

我們都知道梁啟超教子成功，一生養育了九個子女，個個都頗有成就。

梁啟超不但自己很喜歡跟孩子們在一起，當他不在孩子身邊，給孩子寫信時，也會表現得非常坦誠。比如，他會在信中反覆強調一點，就是自己對孩子們發自肺腑、純真自然的愛。他會對孩子們說：「你們須知，你們的爹爹是最富有情感的人，對於你們的愛十二分強烈。」而且，對於孩子們的個人選擇非常尊重，從來都是只給建議，絕不強求。也因此，孩子們都非常愛他。

當然，我認為更重要的是，梁啟超本人也是身正以為範，學高以為師，所以在教育自己的孩子時，才真正地起到了示範作用。

我們大部分人是做不到梁啟超這樣的，大部分人都是自己在抱怨著、指責著、拖沓著，卻要求孩子不能抱怨、不能指責、不能拖沓。你自己連榜樣都沒做好，怎麼能要求孩子做好呢？

我之前在樊登讀書中跟大家分享過一本書，叫作《人生只有一件事》，是臺灣的金惟純先生寫的。金先生在那本書裡面說：「人生只有一件事，就是活好。你活好了，別人就會喜歡你，願意跟你在一起，還要想成為你的樣子。」同樣，你活好了，孩子也願意跟你在一起，感覺跟你在一起很快樂，並且也想成為你的樣子。這個時候，你根本什麼都不用教，孩子自然就會照著你的樣子去做了。這要比你每天對著孩子耳提面命、諄諄教誨或大吼大叫更有實際效果。

所以，到底什麼是真正的教育？孟子早在幾千年前就告訴我們了，就是不要對孩子要求太多，跟孩子搞好關係，同時努力活好自己，給孩子做好示範。只有你活好了，心中有熱愛，眼裡有光芒，孩子就能在潛移默化中受到你的積極影響，並照著你的樣子去生活，去追求更好的自己。

子謂薛居州善士也，使之居於王所。在於王所者，長幼卑尊皆薛居州也，王誰與為不善？

——《孟子・滕文公下》

環境是最好的老師

為人父母，最關心的無疑就是孩子的教育問題。如今，各式各樣的學習模式、教育理念等紛紛傳入，家長們也都本著「不讓孩子輸在起跑線上」的想法，竭盡全力地為孩子進行教育投資。所以我們也經常說，教育的內捲越來越嚴重了，「雞娃」[3]現象已經成為一種常態。

教育確實是孩子成長路上的重中之重，好的教育可以決定孩子追求目標的高度、未來眼界的廣度以及思維探索的深度，同時也會影響孩子一生的格局。那什麼樣的教育才是好的教育呢？是花費巨資把孩子送入貴族學校，還是給孩子請最有名氣的輔導老師？或者是給孩子報各種各樣的興趣班，目標是把孩子培養成一個全能型人才？

我認為這些都不算，愛倫·凱[4]曾經說過：「環境對一個人的成長起著非常重要的作用，良好的環境是孩子形成正確思想和優秀人格的基礎。」大家都聽說過「孟母三遷」的故事，孟子的母親很重視對孟子的教育，但她既沒有為孟子請什麼名師，也沒有把孟子送到最好的學校，而是多次遷居，尋找良好的居住環境，讓環境潛移默化地影響孟子。

孟子長大之後，成為大儒，對自己曾經受到的這種教育方式也十分推崇。比如有一次，孟子就對宋國的大夫戴不勝說：如果你想讓年幼的宋王走上善

3 編註：中國網路流行詞，指的是父母給孩子「打雞血」，為了孩子能讀好書、考出好成績，不斷給孩子安排學習和活動，不停讓孩子去拚搏的行為。

4 編註：Ellen Key(1849～1926)，瑞典作家、教育家、女性主義理論家，提倡言論自由、婦女解放。

道的話，那我明確地告訴你，假如有個楚國的大夫，想讓他的兒子學習齊國話，你認為他應該請齊國人來教，還是請楚國人來教呢？

當時宋國國君宋康王剛剛登基，尚且年幼，由大夫戴不勝輔佐。戴不勝是個賢臣，希望宋康王學好，成為一個好國君，所以就來請教孟子，該請個什麼樣的人來教宋康王。聽了孟子的問題後，戴不勝回答說：「當然是請齊國人來教了。」

孟子又說，雖然請了齊國人教他，但他周圍都是楚國人，每天跟他講楚國話，你就是拿鞭子抽他，他也學不會齊國話呀！

這種現象我們應該深有體會，有時我們想讓孩子學一門外語，就給他請外語老師，或者報外語輔導班，可是每天背單詞、讀外文書，下很大力氣，孩子的外語也不見得學多好。但如果你直接把他送到國外去，用不了一兩年，他的外語就能說得很棒。這就是環境的影響。

戴不勝想給宋康王請的老師，是一個叫薛居州的善士、賢人。孟子就說：「你讓薛居州每天住在宮中，跟宋王在一起，如果宮中的長幼尊卑都是像薛居州這樣的好人，宋王想不學好都難。但如果宮中除了薛居州外，其他人都是小人，宋王想學好，又能跟誰一起做好事呢？」

這個觀點就很明確了，想要匡正國君，就要讓國君周圍都是正直而智慧的臣子，而不是阿諛奉承的小人。但如果國君身旁的小人多於賢臣，那國君也是學不好的。

同樣，教育孩子時，如果家長認為給孩子找個好老師，就能解決孩子成長中的所有問題，那也是不對的。一個好老師就相當於一個薛居州，他可以朝好的方向引導孩子，而如果孩子生活在一個充滿爭吵的家庭，或者每天面對的都是打麻將、不停地刷手機、懶散不堪的父母，一個老師又怎麼能改變他呢？

孩子周圍的整個環境，包括孩子的家庭、學校、周圍的人群等，才是對他影響最大的。如果這些人不改變，你指望一個老師就能改變他，讓孩子突然變好，那是不可能的。因為孩子在成長過程中，並不是你給他灌輸什麼，他就能學會什麼，他是靠自己的觀察、思考和感受來學習的，你用什麼樣的方式對待他，你用什麼樣的方式解決問題，你用什麼樣的態度面對生活，才是潛移默化地影響到他的東西。

我以前有個同事，特別容易焦慮。公司發展好好的，他焦慮；公司遇到了「寒冬」，他更焦慮。

有一次我就問他：「你怎麼這麼容易焦慮呢？」

他說：「你不知道，我媽媽是個老師，從我小時候起，我媽就對我要求特別嚴格。要是我在班裡考了第二名，回到家就沒飯吃，我爸媽會輪番批鬥我，我媽更是會冷著臉說，『我不會給第二名做飯吃的』。所以我每次必須考第一名！」

在這樣家庭環境成長起來的他，成年後遇到問題時，就會不知不覺地沿襲小時候的那種焦慮和恐懼的狀態。

平時經常有家長問我：「樊老師，你看我們家孩子總是有這樣那樣的問題，怎麼辦呢？」我就告訴他們，育兒先正己，你想要教育好孩子，最重要的一件事就是先改變自己，在自己身上下功夫，讓自己變得更好，讓你整個的家庭氛圍變得更好，全家人都樂觀、積極，熱愛學習，努力精進，即使犯了錯，也願意承認自己的錯誤和不足，同時積極反思，通過不斷學習提升自己。孩子都是看樣學樣的，他看到你的這些做事態度，也會不知不覺地模仿你，不斷改變和調整自己，讓自己變得更好。這才是教育的過程。

我很同意過去的一句廣告語，就是「別讓孩子輸在起跑線上」，現在很多人反對這句話。但我認為，關鍵還在於你怎麼看待這個起跑線。我覺得家長就是孩子的起跑線，家長本身的認知，家長的知識水平和態度，以及家長為孩子營造的環境，才是真正決定孩子成長的關鍵因素。

道在邇而求諸遠，事在易而求諸難。人人親其親，長其長，而天下平。

——《孟子．離婁上》

捨近求遠，只會徒增負擔

我在讀《菜根譚》時，有這樣一句話讓我記憶深刻：「會心不在遠，得趣不在多。盆池拳石間，便居然有萬里山川之勢；片言只語內，便宛然見萬古聖賢之心。」這句話的意思是說，你要領會大自然的美景，不需要去很遠的地方；你要感悟真理，也不需要知道太多的道理。一盆花、一塊拳頭大小的石頭中，就蘊含著萬里山川的氣勢；短短的幾句話裡，也可以蘊含萬古聖賢參透的哲理。這句話其實是告訴我們，要學會從眼前的風景中發現美麗，從簡單的事物中發現真理。

但是，生活中很多人特別喜歡捨近求遠，會為了所謂的美景跑很遠的路，為了所謂的事業做很多徒勞無功的努力。孟子曾說：「道在邇而求諸遠，事在易而求諸難。人人親其親，長其長，而天下平。」意思是說，道就在近處，而人們卻要到遠處去尋找；事情本來很簡單，人們卻要從難處下手。這就是捨近求遠了。其實只要人人都從自己做起，親近自己的父母，尊重自己的長輩，那麼你做的事情就能成功，天下都能因此而太平。

孟子的話聽起來好像與做事沒什麼關係，但它卻體現出了儒家學說的核心思想，就是「老吾老，以及人之老；幼吾幼，以及人之幼」。一個人能做到尊老愛幼，「入則孝，出則悌」，搞好家庭關係，讓家人都開開心心的，那麼你做什麼事都會變得順利，根本無須挖空心思地找那些複雜的體系、方法來解決問題。

我覺得這就特別像我們今天的教育事業。今天的教育就是「事在易而求諸難」，如果你把孩子視為一個獨立的生命體的話，那麼你對待他的方法一定是簡單的，因為簡單的方法才能使孩子保持自己的生命力，自然地生長，這樣的教育也會變得很輕鬆。

現在的實際情況是，家長都怕自己的孩子輸在起跑線上，於是給孩子設置各種各樣的成長路線、教育方法，把孩子搞得很累。家長自己也在培養孩子的過程中，不斷地對孩子提要求、提意見，幫助孩子解決各種各樣的問題，把自己搞得很累。結果，孩子不快樂，家長也煩惱。這就是一種捨近求遠、捨易求難的做法。

實際上，教育並不是對孩子提要求，而是對家長和老師提要求。如果家長和老師都做對了，孩子自然就會成長得很好。孩子是有生命力的，他們知道怎麼做對自己好，只是家長和老師總認為孩子不知道怎麼樣是對自己好，孩子得靠我管才行，否則孩子就會廢掉。這就是沒有把孩子當成一個獨立的生命體，而是當成了一個物件，你希望不斷地打磨這個物件的每個零件，把每個零件都打磨到最好，然後再把這些零件「咔」的一下組裝起來，成為自己理想中最好的孩子。這種教育方式顯然是不合理的，也不會讓孩子變得更好。

我在自己的書《樊登給過度努力父母的教養課》中就曾經講過，經常有家長問我：「樊老師，您平時監督孩子寫作業嗎？」我就不太理解，寫作業不是孩子自己的事嗎？為什麼家長要監督呢？他們就說：「唉，樊老師，您不知道，我家孩子寫作業時，我要是不看著，他不知道拖拉到什麼時候呢！」

說實話，我真的沒有監督過我兒子寫作業，他每天回到家後，最多十幾分鐘就能寫完作業，我簽個字就結束了。也沒人輔導他寫作業，當然也沒人要求他的成績一定要怎樣，但他的成績一直很好，我們大人也沒費什麼勁兒。

我認為，如果家長能把孩子的內在動力調動起來，讓他自己主動去成長，他就會自發地想成為一個優秀的人。

曾經有一位心理學家說過一句話，我特別認同。他說，一個人一輩子只需要面對兩種關係，一種是你和父母之間的關係，另一種是你和其他人之間的關係，包括與伴侶、孩子、同事、合作夥伴等。你把這兩種關係都搞好了，那麼你就能與世界從容相處。你看，這就讓所有難題都回歸到了本質，就像我們之前講過的一本關於複雜體系的書《深奧的簡潔》中說的那樣，這個世界看起來非常複雜、非常深奧的事，其實本質都特別簡單，就是靠幾個簡單的數學原理不停地推斷、裂變，最後達到一個均衡，便呈現出了世界的樣子。

所以，越是簡單的道理，往往越能解決複雜的問題，你如果非要捨近求遠，那就只會徒增煩惱了。

第三章

選擇的智慧

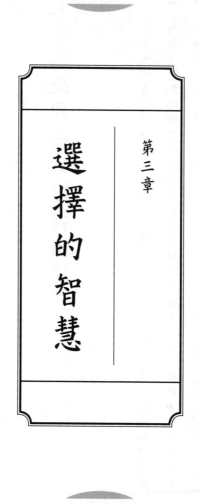

無處而饋之，是貨之也。焉有君子而可以貨取乎？

——《孟子‧公孫丑下》

突破非此即彼的選擇困境

二十世紀九〇年代中期，銅價下跌得厲害，美國的一家銅礦經營遇到困難，於是這家銅礦所屬的總公司就準備關閉銅礦。但是，該礦中有一千多名礦工，如果銅礦關閉，這些礦工就會失業，而且這也意味著公司決策的失誤。礦區管理團隊為了面子，並不願意把礦關掉。

除了關閉銅礦，當時還有兩個選擇，一是不在本地煉銅，把礦石運到總公司所在的地區，用新式熔爐提煉；二是繼續開採，尋找可能存在的其他礦藏。

公司高管想要直接關礦，而礦區經理想繼續經營。雙方各執一詞，吵得不可開交，爭論了幾個小時也毫無進展。

你看，這像不像我們在現實生活中的一些爭論？一個問題出現後，各種因素交織在一起，每個選擇都有各自的理由，每個人都固守自己的觀點，結果就使問題變得非此即彼、非對即錯。

孟子也曾經跟自己的一個弟子討論過類似的問題。有一次，孟子的弟子陳臻問他：「您之前在齊國時，齊王給您一百鎰上等的金，您沒接受；而您到了宋國後，宋王送您七十鎰，您卻接受了；等到了薛邑，薛侯送您五十鎰，您也接受了。如果您認為不接受齊國的贈金是對的，那為什麼要接受宋國和薛邑的贈金呢？如果您在宋國和薛邑的接受是對的，那您為什麼不接受齊國的贈金呢？」

這就是一個非此即彼的問題，你要麼全部接受，要麼全不接受，為什麼有的接受，有的不接受？所以陳臻就此斷定，孟子肯定有一次選擇做錯了。

我們在遇到一些問題時也容易這樣思考：你要麼認為A策略是正確的，要麼認為B策略是正確的，不可能兩種策略都對。尤其是一些習慣於在同一層面思考問題的人，總是會陷入這樣的困境。

而實際上，很多發散性問題都不能簡單地用這種非此即彼、非對即錯的簡單思維來對待，孟子給出的答案就是：「我的兩種做法都沒錯。在宋國時，我要遠行，依據古禮，對方饋贈給我路費，我應該接受；在薛邑時，我有戒備之心，對方為了讓我加強警衛，贈送我錢財，我也應該接受。而在齊國時，對方毫無理由地給我錢財，這不是要賄賂我嗎？君子怎麼能隨便收人錢財，被人收買呢？所以我不能接受。」

這就是孟子理解這個問題的高度。陳臻站不到這個高度，也缺乏這個高度的認知，他認為這就是錢財的問題，你要麼都接受，要麼都不接受，沒有第三種選擇，所以他理解不了孟子的行為。我在講《解惑》這本書時曾提到一種邏輯，就是同一個層面上出現的邏輯矛盾，通過簡單的邏輯思維是根本沒法解決的，要麼對，要麼不對，就是一種二元論。但是，當站在一個更高的認知層次去看待這個問題時，你會發現世界並不是二元的，很多事情之間原本也不是完全對立的關係，我們沒必要非把它們對立起來，而是應該根據實際情況或局面的不同，辯證地看待問題，找到一個更加折衷的可行性解決方案。

我們在生活中也常常遇到這種非黑即白、非此即彼的問題，比如說教育孩子，到底是該對孩子嚴格一點，還是寬鬆一點？倡導嚴格的人，一旦嚴格起來，孩子都感到壓抑，不願意跟他一起生活；而倡導寬容的人，可能又會讓孩子放縱得沒邊界了。這兩種方法一定是矛盾的。

但是，如果你能讓自己的認知提升一個層次，用本能和愛來面對這個問題，嚴格和寬鬆就會有了度。所以，人必須要不斷學習，不斷提升自己的認知水平，才能擺脫生活中面臨的很多二元選擇困境。

伯夷隘，柳下惠不恭。隘與不恭，君子不由也。

——《孟子・公孫丑上》

做事既要堅守原則，也要靈活多變

我們經常聽說某個人做事很講原則，覺得這樣的人很好、很難得。我也喜歡講原則的人，但很多時候，我們在講原則時還要考慮原則與發展的關係。如果總是被各種條條框框限制，就容易養成固定的行為習慣，甚至被固定的思維所束縛，讓人失去靈活性和開拓精神，難以適應不斷發展和變化的社會環境。

春秋時期，有個叫尾生的人，他跟一個女子約好在橋底下見面約會，於是就到橋底下等這名女子。等了很久，女子也沒來，結果河水漲起來了，但尾生為了堅守自己的承諾，怎麼都不肯走，還抱著橋柱繼續等，最後被淹死了。

這樣的人講原則嗎？很講原則。值得提倡嗎？不值得。

生活中有很多這樣的人，他們很正直，或者說很清高，為人處世特別堅守自己的原則。如果別人的觀點跟他們不同，他們絲毫不留情面，更不屑與他人「同流合汙」。

孟子就曾經提到過這樣一個人，就是伯夷。伯夷是個很有性格的人，他不喜歡的君主就不去輔佐，看不上的人就不去交往，也不跟一些他認為糟糕的人一起同朝為官。這種感覺就像什麼呢？就像他與一個鄉下人站在一起，對方的帽子沒戴正，他都會厭惡地離開，生怕對方的行為把他玷汙了一樣。如果有諸侯派人來好言好語地請他，他也不去，因為不屑與對方為伍。

你看，伯夷這樣的人就像是有道德潔癖一樣，孟子稱他為「聖之清者」，就是聖人中最潔身自好的人。但是，孟子對伯夷的處事方式並不推崇，因為這種人只有在理想的社會環境下才可能有所成就，現實社會不可能一切都滿足伯夷的要求。如此一來，像伯夷這種思想僵化、過於固守自己原則的人，必然難以生存，更不可能有機會施展自己的才華和抱負。所以孟子認為「伯夷隘」，就是做法太狹隘了，如果大家都像伯夷這樣幹，那就沒法幹活了。而且最重要的是，那些所謂的惡人也是伯夷用自己的標準定義的，他不屑與這些人為伍，看似是堅守原則，其實是自己心胸不夠開闊。

也有一種人跟伯夷剛好形成鮮明的對比，這種人跟什麼人都能相處融洽，他不覺得給道德不好的人做事是什麼恥辱，也不因為自己能力不足就覺得自卑；你冷落他、羞辱他，他也不怨恨你，甚至還願意主動跟你結交。很顯然，這樣的人在社會上可以混得如魚得水，很吃得開。

孟子也舉了一個代表人物，就是柳下惠。柳下惠這個人很有意思，在《論語．微子》中記載了關於他的一個小故事：

柳下惠在魯國擔任掌管刑罰的官，大概就是典獄長，負責監獄事務的，結果多次被罷免。有人很不解，問他說：「你都被罷免好幾次了，怎麼還不離開魯國呢？」

柳下惠回答說：「如果像我這樣，一向以正直的方法跟人相處，去哪兒不會遇到這樣被罷免的事情呢？如果不用正直之道來與人相處，那我為什麼一定要離開故國家園呢？」

柳下惠這段話的意思是說，天下烏鴉一般黑，這個體制就是這樣，我在這裡會被罷免，換個地方做典獄長也一樣會被罷免。

這種態度看似有道理，但我們如果仔細研究一下，就會發現他的話是有邏輯漏洞的，這個邏輯漏洞就是他認為全世界都是一樣的。我們經常說「樹挪死，人挪活」，你換到一個合適的地方，就可能發揮更好的作用，而如果你認為這個世界上沒有合適的地方，哪兒都一樣，自己到哪兒都是這樣的結果，這就是一種邏輯漏洞。

柳下惠的做法就與伯夷走向了完全相反的方向，儘管他可能很混得開，但他不加選擇地為人做事，甚至是為壞人做事，僅憑這一點，孟子就說他「不恭」，做事不莊重、太隨便、沒原則。雖然這樣的人頭腦靈活，容易與人相處，也善於靈活權變，但也可能會投機於世，甚至會助紂為虐。

類似伯夷和柳下惠這樣的人在社會上有很多，有些人還故意把自己打造成這種人設，因為這會讓自己顯得有個性、很特別。大家如果看現在電視上的一些流行節目，就會經常發現這類人，他們標新立異，給自己貼標籤，並且這個標籤越簡單、越個性，就越容易被人傳播。有些人甚至還會故意從自己的個性上找一些瑕疵，將其放大，便於人們記住，增加自己的知名度。

顯然，這些都不是正確的處世之道，也不值得效仿。真正值得我們效仿的，應該是那些既堅守自己做人做事的原則和底線，又能根據社會要求隨時調整自己，努力去適應社會發展要求的人。能堅守自己的原則，這是對自己個人信仰和價值觀的守護；能靈活地調整自我，這是對客觀環境和世界的適應。兩者缺一不可。

可以取，可以無取，取傷廉；可以與，可以無與，與傷惠；可以死，可以無死，死傷勇。

——《孟子．離婁下》

學會選擇，守住底線

人生在世，會有很多的十字路口，大機遇也總會有那麼幾次。每當走到這樣的十字路口的時候，實際上，人面對的是關於選擇的問題。選擇，就意味著取捨，取捨關乎拿來、給予，甚至獻身。

清朝重臣和珅自幼貧苦，早年父母雙亡，但他聰穎好學，很快出人頭地，年僅二十三歲便做了皇帝的侍從。自此，和珅的仕途平步青雲，扶搖直上。

後來，在查辦雲貴總督李侍堯的大案中，和珅面臨了選擇，本應秉公查辦的他，面對李侍堯及其黨羽的大量私產，利欲熏心，選擇了私吞，加之乾隆帝的賞賜，和珅充分感受到了巨額財物帶來的滋味。因為這次選擇，和珅的野心越發膨脹，利用自身職務之便中飽私囊，大肆結黨營私、鏟除異己。此後大權獨攬的他日益腐化、蒙蔽皇帝、禍亂朝綱。

然而，和珅因乾隆帝駕崩而迅速失寵，嘉慶皇帝列舉他數十條重罪，和珅旋即被抄家、下獄，最終落得個獄中自盡的下場，年僅四十九歲。一代權臣寵臣，因為在取財、求權的道路上選擇錯誤，迷失了自己，最終命喪宦海。

是和珅的一次次選擇，最終招致了這樣的後果。

在選擇這件事上，孟子告訴我們：可拿可不拿的，選擇拿會有損廉潔；可給可不給的，選擇給予會有損恩德；可死可不死的，選擇赴死有損於義勇。

關於予還是不予，則稍微有些難以理解。你可能會覺得，樂意與人分享，樂善好施，這沒什麼不好。既然可給可不給，那麼索性給予別人，豈不是與人行方便？但孟子認為，給予人這件事，也還是要認真對待，不要隨意給予。

原因就在於，過於隨意的給予，會讓給予本身變得像是一種施捨，或者像是在出售恩情，這就讓給予變得極為複雜。那些內心注重機會成本的人，會因為接受了這種給予而產生惰性思維，進而產生對「被給予」的依賴。給予，也是需要智慧的，既要看重動機，也要講求方法。「臨淵羨魚不如退而結網」，「授人以魚不如授人以漁」就是這個道理。相反，那些害怕欠「人情」的人會覺得這種給予像是「嗟來之食」，因為在可有可無的給予上選擇了前者，反而傷害了彼此的情誼。因此，給予也不必帶著「普世」的態度，杜絕「好大喜功」，才是一個給予者好的選擇。

比起前兩層意思，孟子對生死的論調，更要看他的深層次含義——生死關乎「節」。「節」指的是氣節，是人在面臨大義、大是大非時的選擇。大義凜然地慷慨赴死，別說是在當今社會，就是在古代也不是很常見。

決生死，是需要勇氣的，但是，有一點值得我們注意，那就是勇敢和魯莽可是完完全全的兩回事。譚嗣同的死「去留肝膽兩崑崙」，在那個神州陸沉、江山破碎的年代，從容就義是不「失節」的表現，這是真正的「我以我血薦軒轅」，他把他的劍膽琴心傳承給了後人，自己則作為新救國之路上的鋪路石，這是大義。

相反，我覺得同樣是在那個動蕩年代，陳天華的做法就有些欠妥，我絕沒有反對他思想的意思，《警世鐘》和《猛回頭》到今天讀起來還是那麼振聾發聵，我只是覺得，留下有用之軀，帶領後輩們投身大革命，總比蹈海自絕更有實際意義。

明末思想家顧炎武說過：「保天下者，匹夫之賤，與有責焉耳矣。」意思是「天下興亡，匹夫有責」。但是要注意，千萬別被一些斷章取義的論調所蒙蔽和曲解，因為顧炎武這句話前面還有一句：「保國者，其君其臣，肉食者謀之。」肉食者，即當局者和把持朝政者。很明顯，一個國家運轉好壞用不到芸芸眾生，那是官員們的事。只有到了民族和天下存亡之際，才需要所有人都勇敢地站出來。比如抗日戰爭，那就要全民皆兵，一定要把侵略者趕出去，但要為了延續反動派的統治而衝在前面，中國人民是絕對不幹的。

人的選擇關係到個體和整體的發展走勢，做出正確的選擇，能讓我們在關鍵時刻不犯錯誤、少犯錯誤，從而使我們在人生的道路上遵從我們的內心、守住自己的底線。

伯夷，聖之清者也；伊尹，聖之任者也；柳下惠，聖之和者也；孔子，聖之時者也。孔子之謂集大成。

——《孟子．萬章下》

因時制宜，與時間結伴同行

時間，是物理量，從自然科學的角度講，時間，永遠向前，永遠保持自身規律，永遠不受外界影響。當人第一次睜開雙眼，開始感受這個世界，就注定要與「時間」朝夕相處一生。人們常說時間寶貴，但又經常因為時間而感到苦惱。有些人在工作的時候常常會抱怨時間不夠用，而在空閒時又會感到時間太漫長。其實時間本身並沒有變化，只是有些人用自己遇到的事情或者不同的情緒，將時間渲染成了不同的顏色。

在生活和工作當中我們會發現，有很多人都有一個比較鮮明的性格，這些性格鮮明的人一般都會在某些領域取得一定成就，但同時他們也會因為過於執著於一種性格而被現實弄得遍體鱗傷。

比如，一些剛剛大學畢業的年輕人，他們對未來有著美好的憧憬，但現實社會卻無法滿足這些憧憬，他們往往因受不了社會上的人情世故而變得憤世嫉俗。隨著時間的推移，他們慢慢了解到一些社會的發展規律和工作規則後，才逐漸穩定下來。

工作當中除了有憤世嫉俗者，還有一類兢兢業業負責任的人，這些人對工作認真負責，對其他事情關注度不高，可以為自己手上的工作而全力以赴。與憤世嫉俗的人正好相反，他們表現出極強的穩定性，企業老闆也很喜歡這樣的人，因為在老闆看來他們很忠誠，工作效率與工作能力都不低，而且所要付出的成本也不會太高。這樣的人在古代也可以找到原型，伊尹就是其中之一，他以做事認真負責著稱，曾幫助商湯制定了一套管理國家的辦法，成為後世做人做官的楷模，孟子稱讚他為「聖之任者」。

但是，這種性格的人也容易走向另一個極端。有些人在一個單位工作十多年，由於本職工作沒有多少晉升空間，比如在公司做產品監管工作，這份工作既有專業性又有必要性，就是沒什麼晉升空間，這就可能造成一個監管人員十多年來的薪資調整不大。十年前的薪資是三千元，十年後的薪資是六千元，提升幅度比物價上漲還慢，最終造成的結果就是他們越幹越熟，也越幹越窮，想轉型都很困難。

不管是憤世嫉俗的人還是兢兢業業的人，這些人的性格都比較鮮明，但在中國還有一類人比較常見，那就是「和事佬」。中國傳統文化中講究以和為貴，很多人在工作當中也希望維持一個和諧的狀態，認為只有一團和氣才能將公司和團隊的力量更好地結合起來。春秋時期的柳下惠與任何階級的人都能保持一種十分隨和的態度，孟子稱他為「聖之和者」。而「和」真的適合現在的企業嗎？答案是不確定的。和氣是必要的，但並不是絕對的。如果在不該和氣的時候和氣，那對一個企業而言無疑是走在慢性死亡的路上，就如同溫水煮青蛙，看似非常舒服，實際上滅頂之災正悄然降臨。所以該爭吵的時候還是要爭吵，華倫．巴菲特就曾說過：「好主意都是吵出來的。」其實爭吵的本質無非是溝通與交流。有時企業遇到兩難的事情，通過激烈的探討往往可以得到周全的好辦法。

不同的性格在工作當中各有利弊，無論是伯夷、伊尹還是柳下惠，他們所留下的人性光輝都值得我們在工作中借鑒學習，而將這些智慧結合在一起的人就是孔子。孔子的理論與他們都不同，他在承認這三人優點的同時，認為人不應該被某種性格所束縛，應該順應自己所處的時代，因時代的不同而選擇不同的做法。因此孔子被孟子稱為「聖之時者」。

如果我們仔細觀察前三種性格的弊端，就會發現，這些弊端都是因為不順應時間所致，憤世嫉俗的人之所以對社會有很大的意見，以至於工作飄忽不定，主要是因為無法很好地融入社會。他們與時代和時間為敵，最後受傷的往往只有自己。而認真負責的人，容易被一件事限制自己的視野，造成一葉障目的情況。外面明明已經有了天翻地覆的改變，這些人卻仍然因為自己的習慣難以做到因時而變。對於「和」的解讀，和與吵，也應根據不同時期的不同情況來決定。孟子說：「可以仕則仕，可以止則止，可以久則久，可以速則速，孔子也。」孟子的意思是說，要像孔子那樣，學會洞察時間的規律，該做什麼的時候就做些什麼。

《孫子兵法》中說：「兵無常勢，水無常形。」面對如今複雜多變的社會，過分執著於某一種做事方式，總會存在一些不可避免的弊端，只有學會與時俱進，甚至走在時間的前面，我們才能學到更多的知識，積累更豐富的經驗。

人有不為也，而後可以有為。

——《孟子・離婁下》

不做什麼比做什麼更重要

人生本就是一個不斷選擇的過程，而選擇就意味著，「人有不為也，而後可以有為」。意思是說，只有對某些事捨棄不幹，然後才可以有所作為。也就是說，要想有所作為，就必須有所不為，畢竟魚和熊掌不可兼得。孟子的這句話聽起來很簡單，但要做到「有不為」，需要理解這句話裡所包含的四層含義。

第一層含義：不要掉入機會陷阱。

在創業階段，經常有人請我吃飯，而每一次飯局我幾乎都會遇到一個誘惑。比如，有人會在酒桌上跟我說：有一塊地皮不錯，咱們一起投資房地產吧。其實，無論在生活或工作的社交中，每個人都曾遇到過一些機會，有的是發財機會，有的是升遷機會，但是並不是所有的機會都是機會，有的機會很可能是陷阱。很多時候，機會和陷阱只有一步之差。一旦踏入陷阱，就會覺得每個機會都不錯，但最後的結果只不過是在自己周圍挖了無數個坑。

有一個挖井人漫畫，大家應該都很熟悉。有個人想要挖一口水井，他先是找了一個感覺有水的地方開始挖，挖了一陣發現沒有水，就換了一個地方接著挖，結果還是沒有水，於是又換了一個地方接著挖……就這樣，反反覆覆操作下來，一口水井也沒挖出來，周圍只是徒增了很多個坑罷了。

同樣還有一個人也要挖井找水。他沒有像第一個人那樣東挖一下，西挖一下，而是找準了一個地方，一直挖下去，直到把水挖出來為止。

這個故事告訴我們，不是所有的機會都需要抓住，有些只會浪費自己的時間，分散自己的注意力。

第二層含義：不要忘記自己的原則和底線。

不可為的事情堅決不為，否則很可能到最後一事無成。比如在做生意時，客戶為了獲得更大利益想要給你回扣，你如果為了眼前利益而收取了回扣，就等於破壞了原則，丟掉了底線，甚至觸犯了法律。生意場上，真正可以讓客戶滿意的，絕不是給回扣，而是為客戶創造價值，為客戶解決實際問題。這樣才能與客戶維繫良好的關係，讓生意做得長久。

第三層含義：不做戰略分散，要做戰略集中。

巴菲特曾讓自己的私人飛行員在紙上寫下二十五個目標，然後他讓飛行員逐一刪除這些目標，並把這些目標放在「不惜一切代價也要避免」的清單上——「無論如何，不要讓這些事情引起你的注意」，最後只保留了五個目標。

這就是巴菲特的時間管理法則：專注 20% 的要事，堅決不做剩下 80% 的次要事。強調戰略集中，就是要讓大家把子彈集中打在最有效的陣地上，這樣面對再強的敵人我們也有戰勝的機會。

第四層含義：不要即時滿足，而要延遲滿足。

二十世紀六〇年代，史丹佛大學選取數十個孩子做了一個實驗。實驗人員給每個孩子分了一顆糖，並告訴他們，如果馬上吃掉這顆糖，那麼他們就只能吃到這一顆；如果等十五分鐘之後再吃，就可以再得到一顆糖。結果，有的孩子沒能堅持住，馬上吃掉了這顆糖，但有的孩子卻忍耐了十五分鐘，然後又得到了第二顆糖。

經過長達三十年的跟蹤，實驗人員發現，那些能夠堅持十五分鐘再吃糖的孩子，比馬上吃掉糖的孩子所取得的成就普遍要高得多。

「人有不為也，而後可以有為。」這句話的四個層面是值得我們每個人去認真思考和探索的。無論什麼時候，我們都要保持清醒的頭腦，這樣才能不被欲望和瑣事所左右。當斷掉多餘的欲望，自然就能擦亮雙眼，認準一條主路勇往直前，直到成事為止。

雖有智慧，不如乘勢；雖有鎡基，不如待時。

——《孟子．公孫丑上》

追求成功要懂得乘勢和待時

我在《低風險創業》這本書中，曾經講過如何尋找低風險創業的機會。其實你不論是想創業，還是想成功地做一件事，都要弄清一個核心邏輯，就是怎樣找到關鍵性的問題。說白了，就是找到一個創業或做事的時勢和時機。

我記得馬克．祖克柏在接受採訪時曾經透露，說自己在學校裡經常聽學生抱怨，說尋找其他同學的聯繫方式很難，如果有個大學花名冊就好了。祖克柏就覺得，自己可以為大學更快、更好地做出這個花名冊，於是臉書就借著這個問題誕生了。

廣州曾有一家商場的老闆，平時喜歡研究政府的各種政策、決定等。有一天，他看到廣東省政府下達文件，要求各單位工廠處理庫存物資，加快資金周轉。這個老闆覺得，企業一旦處理各類積壓物資，就會為商業部門提供一批廉價商品，如果開一家廉價商店，很可能會受到企業和消費者的青睞。

於是，他馬上派人到各工廠聯繫業務，低價收購了大量積壓物資，開了一家廉價商店。結果，大量顧客湧入廉價商店內搶購商品，那些積壓貨品一下子成了搶手貨。這位老闆不但幫助很多工廠處理了積壓物資，自己還大賺了一筆。

你看，這就是善於抓住時機做事帶來的成功，用孟子的話說，這就是善於「乘勢」和「待時」。

在《孟子．公孫丑》中，有一段孟子與公孫丑的對話，公孫丑問孟子，如果孟子有機會在齊國執政，是否能重現管仲、晏子的政績。要知道，管仲和晏子都是齊國最了不起的人，管仲輔佐過齊桓公，晏子輔佐過齊景公，這兩個人都做出了相當大的功業，齊國人都很敬重他們。

但是，孟子卻不屑與管仲、晏子相提並論，因為這兩個人都是以霸道治天下，而自己主張以王道治天下，並且他認為，以齊國當時的富有、廣闊程度，如果能實施王道仁政，要統一天下易如反掌。公孫丑很不解，說您認為行王道能治天下，那周文王那樣仁德的人，怎麼活了九十多歲，幹了幾十年，都沒統一天下，直到第三代周成王時，才在周公的輔佐下統一天下，這是怎麼回事呢？

這時，孟子就說出了一句在今天看來仍然非常經典的話：「齊人有言曰：雖有智慧，不如乘勢；雖有鎡基，不如待時。」齊國人有句話說的是：雖然你有絕頂的智慧，但也要有有利的時勢才行；這就像你雖然有鎡基（一種鋤具），可以下地幹活，但也要等待合適的時機才行。讓你在大冬天的時候拿著鋤具下地幹活，你能幹出什麼成果來？

孟子的這句話意思是說，周文王雖然很仁德、有智慧，但他當時所處的形勢不好，地少人稀，什麼都沒有，只有岐山腳下的百里之地。他是從一無所有艱難創業的，創了一百來年才做出一點樣子來，已經很了不起了。而到周成王時，一切都已成熟，他統一天下就是自然而然的事情了。說白了，周成王就是趕上風口了，風來了連豬都能飛起來，所以他成功了。孟子認為齊國當時的形勢就正處於風口之上，百姓眾多，國土遼闊，國家富有，只要實施仁政，就一定可以統一天下，根本沒人能阻擋得了。

孟子與公孫丑的這段對話，所講的就是要善於抓住時勢和時機來做事的道理。不錯，乘勢與待時的確是創業和追求成功的重要因素，時勢和時機不對，你付出多少努力可能都毫無效果。這就像歷史上的很多發明家一樣，明明自己辛辛苦苦地發明了一堆東西，卻因時運未到，不被認可，自己也只能過著窮困潦倒的日子；後人趕上時勢或抓住時機後，很可能就會利用他們的發明大發其財。

不過，對於孟子提出的大國施行仁政就能一統天下的說法，我個人是不太認同的。我們現在看到一些大企業，稍微沒做好可能就倒閉了，很多人不明白，那麼大的企業，怎麼說倒閉就倒閉了呢？你稍微省點兒經費，可能就會賺一個上市公司出來。其實這都是站在外面看，覺得經營大企業很容易，而我們不知道的是，大企業也有大企業的難處。

在我之前講過的《創新者的窘境》一書中，有一種說法叫「右上角遷移力」，就是當一個公司變大之後，它一樣會有很多無奈之舉，它要照顧的方方面面，比如耗費的成本、所兼顧的各種體系等，都比小公司多得多，所以我們常說「創業容易守業難」。不論是一個大公司還是一個大國，做錯一個決定，也許就會一敗塗地、萬劫不復。在這一點上，我覺得孟子把齊國實施仁政說得那麼容易，可能是因為他缺乏這方面的認識和經驗，沒有考慮到實際上一個大國要轉型、要掉頭是多麼難的一件事。

當然，這並不會影響到孟子提出的「雖有智慧，不如乘勢；雖有鎡基，不如待時」的觀點的價值，這一點還是十分值得我們在創業和追求成功的過程中積極借鑑的。

我無官守，我無言責也，則吾進退豈不綽綽然有餘裕哉？

——《孟子．公孫丑下》

以出世之心，做入世之事

我剛開始做樊登讀書的時候，還是一個大學老師，一個月的工資是六千元，每週只需要工作半天，還能跟很多年輕的學生見面溝通，我覺得這是件特別讓人愉快的事。但是，很多人就勸我說：「你要是出來創業，做事專心些，肯定可以！」

後來，我確實開始創業了，但我的創業模式卻是「腳踏兩條船」，一邊繼續在大學當老師，一邊出來創立了樊登讀書。直到樊登讀書的年收入超過五千萬元以後，我才辭掉了大學老師這份工作。

很多人可能不理解：你明明可以好好創業，為什麼還要保留那六千元工資的工作呢？

這讓我想起了《反脆弱》一書中提到的一個概念，叫作「槓鈴式配置」。它指的是創業者需要學會做多手準備，合理地分配自己的時間、精力和資源，在槓鈴兩頭都做準備，為自己留下充足的選擇權。

在這方面，孔子和孟子早已為我們做好了典範，比如孔子就曾說過：「邦有道，則仕；邦無道，則可卷而懷之。」大環境好，國家興盛，那我就做官；如果不行，那我就回去當老師。孟子則說：「我無官守，我無言責也，則吾進退，豈不綽綽然有餘裕哉？」意思是我沒有官位，也沒有進言的責任，我走或是留都由我自己決定。

孔子的話很容易理解，孟子的話似乎不太好理解，原因是孟子說的這段話是有個故事背景的。

當時，孟子在齊國推行他的王道，發現有個叫蚳蛙的司法官，遇到問題也不跟齊宣王進言，他就跟蚳蛙說，你這樣不行，你是司法官，有問題得去匯報、諫言。蚳蛙就去做了，結果齊宣王沒聽，蚳蛙一生氣辭職走了。這時，齊國人就開始議論孟子，說孟子自己跟齊宣王進諫好多次，齊宣王也沒聽，那孟子怎麼不走呢？孟子聽說後，就說：「有官職的人，如果無法盡職盡責，就可以辭官而去；負責進言的人，如果君王不聽，也可以辭官而去。我沒有固定官職，也沒有進言的責任，我進退留去，不是由我自己說了算嗎？」

孟子的做法也是一種「槓鈴式配置」，我不在體制內，進退均可，怎麼高興怎麼來。但蚳蛙不行，就像范仲淹一樣，「進亦憂，退亦憂」，最後即使辭官不做，也不甘心。

從另一個角度來說，孟子玩的其實是一種無限遊戲，而蚳蛙一類人玩的則是一種有限遊戲。在《有限與無限的遊戲》這本書中，就有一個非常重要的點，即有限遊戲的參與者需要具備一定的資格，就像孟子說的，要麼你有官守，要麼你有言責。我父親以前就經常批評我，說我不好好工作，我說我做讀書會，他說你這個也不能評職稱，算什麼正經工作？你安安分分當個大學老師，以後才有資格評職稱，這才是正經工作。這就是一種有限遊戲，你得具備一定資格才能參與。沒有這個資格，你根本玩不了這個遊戲，比如蚍蜉就失去了這個資格。

但是，孟子玩的無限遊戲是不需要參與者具備什麼資格的，不管你是什麼身分，都可以參加。比如李白，就算他沒進翰林院，照樣可以寫詩養活自己。蘇東坡辭官後，哪怕在海南島上待著，也照樣可以寫文章、寫詩，做發明家、美食家。孟子也是，雖然沒有官職，但照樣能到各國遊歷，跟國君探討政事，還經常被一些諸侯國邀請去講道。在一個國家待得不爽了，換個就是了。他們都是無限遊戲的玩家。

所以，《有限與無限的遊戲》這本書就說，人一輩子一定要努力地選擇玩無限遊戲，而不是玩有限遊戲。當然，反過來說，無限遊戲的玩家也可以參與有限遊戲，比如孔子就曾經做過中都宰，在體制內待過一段時間。但是，他玩這個有限遊戲的過程用的卻是無限遊戲的心態，不讓自己被遊戲規則所束縛，隨時都能抽身。我當時創業時的心態也是這樣的，一旦創業不成功，我還能繼續留在大學當老師，並不會損失什麼，也不會沒有退路。這時，人的狀態是完全不一樣的，用一句俗話說就是：以出世之心，做入世之事。看起來是在努力創業、努力工作，但並不會特別計較其中的得失，只要自己盡心盡力就好。

反之，一個人如果以入世之心做出世之事，那便容易深陷其中。就像有些人創業，每天心心念念的都是怎樣才能一下子賺更多的錢；在一個職位上任職，每天想的則是怎樣才能絆倒別人，自己爬到更高的職位上。這樣的狀態，你就很難專心做好一件事，也很難從中得到快樂。

所以，孟子講「豈不綽綽然有餘裕哉」，這種狀態真的給我們樹立了一個很好的典範，就是「無官守，無言責，進退自如」。

第四章

交友的心態

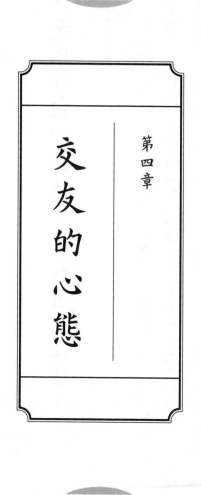

詖辭知其所蔽，淫辭知其所陷，邪辭知其所離，遁辭知其所窮。
——《孟子・公孫丑上》

洞悉對方內心想法，才能有效溝通

在《論語》最後一章，有這樣一句讓我印象特別深刻：「不知言，無以知人也。」就是說，你在跟人打交道時，如果不能分辨對方的言語，你就沒辦法了解這個人。因為「言為心聲」，言語是一個人思想的表達，有什麼樣的思想，就會有什麼樣的言語。所以，從一個人的言語上，我們基本就可以洞悉他的思想、目的，甚至是心機、欲望。

孟子也曾經講過很多關於「言論」、「言語」的問題，其中最有名的就是《孟子・公孫丑上》中的一段，公孫丑問孟子：

「您說您懂得分辨別人的言論，這個怎麼理解呢？」孟子就給了一個非常經典的回答：「對於那些特別偏頗的言論，我知道他所隱瞞的東西是什麼；對於那些誇張的言論，我知道他所執著的東西是什麼；對於那些偏離正道的奇談怪論，我知道他錯誤的地方在哪裡；對於那些閃爍其詞的言語，我知道他所隱瞞的東西是什麼。」

在孟子看來，當有以上這些情形發生時，他就能通過這些判斷出一個人的內在動機是什麼。簡而言之，一個人的言語都「生於其心」，因為心裡有這些想法，才會從言語中表現出來。這也需要我們及時提醒自己，在與人交談時盡量保持警覺，弄清對方的真實想法，不至於被他們那些不真實、不客觀的言論誤導，做出錯誤的判斷，甚至造成巨大的損失。

樊登讀書有很多分銷商和授權點，有些分銷商和授權點經常給我提一些意見和想法，當然有些意見是很好的，但也有一些需要我認真甄別。比如，以前有些分銷商就認為我們線上的內容不夠全面，引入會員的方式也過於單一，活動不夠豐富，等等。對於這些意見，我都會很耐心地聽取。

但是，這些都是分銷商內心的真實想法嗎？也不見得，這時我就會通過觀察和調研去搞清楚不同分銷商內心真實的需要，然後再有針對性地解決問題。比如說，有的分銷商擔心我們會放棄他的分銷點，那我就告訴他，我會一直支持他做下去，他馬上就不鬧了。而實際上，我的方法跟他提出的意見可能毫不相干，但因為洞悉了他內心的真實需求，並滿足了他的需求，他自然就感覺踏實了。

實際上，人的思維、決策很容易受其他人言語的干擾，因為人在思考和決策一些事情時，經常會根據外部信息來決定。但人與人之間的閱歷、經驗、見聞，甚至所站的角度不同，理解問題自然也會出現偏差。你如果習慣於通過別人的言語來做決策、做判斷，自己不去調查，就很容易出錯。尤其是在管理公司時，更應該注意這一點。我就經常發現，有些公司領導特別喜歡聽人說好話，你恭維他幾句，給他戴戴高帽，再跟他提要求，他很快就會答應你，根本不去深入考慮對他說好話的人背後是不是有別的企圖，或者出於自身利益的考慮，有意無意地選擇掩飾或誇大了某些內容的敘述。

當然，要想全面洞悉別人內心的真實想法，不光要通過「知言」，還要結合他的舉止、行為等。比如，你在開會時給領導提了個意見，領導頻頻點頭，說：「不錯不錯，你提的意見非常好，我會認真考慮一下，以後我也會注意這方面的問題。」但是他的眼睛卻在怒視著你，這就表明，他對你當著那麼多人給他提意見，不給他留面子，感覺很不爽。這個內心想法已經通過他的眼神表露無遺了，任由他嘴巴怎麼肯定你，此刻都變得毫無意義。

我在《這樣溝通，九成的問題都能解決》中曾經寫過，每個人在自己的生活和工作中都會有自己的想法和需求，當這種想法和需求在內心出現時，我們就會向外界尋求滿足。而當需求得不到滿足時，我們就會表現出不滿的情緒。這時，即使你口頭上說著「沒關係」、「不重要」，你的表現也會出賣你內心的想法。

所以，從根本上來說，真正的「知言」也不完全在於別人說了什麼話，還要弄清對方內心發生了什麼變化。因為在他沒說話、沒做出動作之前，這個聲音就已經在他的心中迴蕩很久了。那些發自內心的聲音、感受、念頭等，才是他真正要表達的「言」。

不挾長、不挾貴、不挾兄弟而友。友也者，友其德也，不可以有挾也。

——《孟子．萬章下》

交友的「三不原則」

在家靠父母，出門靠朋友。除了親人，朋友同樣是人生路上不可或缺的存在。但現實中很多人在交朋友時都懷有私心，比如只願意跟有錢有勢有能力的人交朋友，認為這樣的人才對自己有用。但是，交朋友需要以心換心，需要的是真情實意，如果懷有這種功利心，很難交到真朋友，即使交到了，也多半只是點頭之交。

既然對方的權勢和能力都不是我們結交的重點，那麼什麼才是重點呢？

孟子告訴我們說：「友也者，友其德也。」也就是說，交朋友，我們最應該看重的是對方的品德。而且，孟子還提出了交友的三個原則：不挾長、不挾貴、不挾兄弟而友。

也就是說，在交朋友時，不倚仗自己年齡大而倚老賣老，讓對方尊敬自己；不倚仗自己富貴而頤指氣使，讓對方屈服於自己；不倚仗自家兄弟的權勢而予以震懾，讓對方懼怕自己。為此，孟子還以自己的祖先孟獻子為例來闡述這個道理。

孟獻子是春秋時期的魯國大夫，家中富貴，有上百輛兵車。孟獻子有五個好朋友，孟子記得其中兩個人的名字，分別叫樂正裘和牧仲。他們兩個都沒有官位，卻都是賢德之人，孟獻子與他們的友情非常深厚。孟獻子在跟他們交往的時候，從來沒有把自己大夫的身分放在前面，也從來沒考慮過他們的身分，他最看重的一點就是對方的德行。

在這一篇中，除了祖先孟獻子，孟子又以兩位國君為例，共同來佐證自己的這個觀點。

戰國時期費國國君費惠公也是一個有自己交友原則的人。作為一國之君，費惠公身邊自然聚集了很多人，費惠公對他們的定位和認知是十分清晰的。他曾說：「吾於子思，則師之矣；吾於顏般，則友之矣；王順、長息則事我者也。」意思是說，子思（孔子的嫡孫）是我的老師，顏般是我的朋友，至於王順、長息等人則是為我辦事的人。而被費惠公認作朋友的顏般，正是一位有名的賢人。

不僅小國的國君如此，大國的國君也是如此，孟子又講了晉國國君晉平公的例子。晉平公有一個名叫亥唐的好友，晉平公去拜訪，亥唐讓他進來他就進來，讓他坐下他就坐下，請他吃飯，即使是粗茶淡飯，他也吃得很香。晉平公之所以在亥唐面前如此平易近人，同樣是因為亥唐是當時晉國著名的賢人。

無論是孟獻子，還是費惠公和晉平公，他們能夠交到真正的好朋友，正是因為他們結交朋友時從不考慮對方的身分地位，而是只考慮對方的德行。以德行為交友的標尺，然後再用「不挾長、不挾貴、不挾兄弟而友」來約束自己，自然不愁交不到真正的朋友。

但是在現實生活中，很多人都做不到這一點。他們在交友時總惦記著對方的權勢和財富，總想要從對方身上獲得一定的回報。這樣一來，就很容易在對方面前低人一等，甚至變成對方的跟班，這就不是真正意義上的友情了。正確的做法應該是，即使對方位高權重，我們也要不卑不亢，因為我們要交的是朋友，而不是對方的權勢。

還有一種人，他們在交友時從不約束自身。比如，回到農村老家，朋友請吃飯做了一桌子菜，可他們卻挑三揀四，不是嫌棄不好吃，就是嫌棄不乾淨，弄得主人極為掃興。這時候，我們應該做的是，即使對方做得真的不好吃，我們也要吃得津津有味。這不是虛偽，而是禮貌，更是為人處世之道。

萬章問曰：「敢問交際何心也？」孟子曰：「恭也。」

——《孟子・萬章下》

以恭敬之心與人交往

看過梁曉聲的長篇小說《人世間》的人，一定會被「光字片六君子」的友情所感動。在那個貧苦的年代，他們幾個人相互扶持，相互依靠，共同度過了一個又一個「寒冬」。我們羨慕他們的友情，不僅僅是被他們的真情打動，更重要的是，我們在這個時代已經很難再擁有這樣真摯的友情。

千金易得，知己難求，究其原因，與這個時代無處不在的競爭和壓力有關，同時也跟我們在與人交往時的態度和心理密切相關。萬章與老師孟子曾就這個問題有過一番對話。

萬章曾向老師孟子求教說：「敢問交際何心也？」意思是說，一個人去交往和應酬的時候，應該保持什麼樣的內心？孟子只告訴萬章兩個字：「恭也。」就是說，與人交往時，保持恭敬之心是非常重要的。

其實孔子也曾說過類似的話：「君子敬而無失，與人恭而有禮，四海之內皆兄弟也。」意思是說，君子只要對待所做的事情嚴肅認真、不出差錯，對人恭敬而合乎禮的規定，那麼天下人就都是他的兄弟了。可是反觀現在，不僅很少有人能夠做到「四海之內皆兄弟」，而且很多時候會因為無法做到「恭而有禮」而輕易與人發生衝突和矛盾。孟子和孔子想必都不願意看到這樣的結果。

萬章與老師的對話並沒有就此結束。當孟子告訴萬章交友要懷有恭敬之心後，萬章又問：「人們都說，一再拒絕別人的禮物也是一種不恭敬，這是為什麼呢？」孟子回答說：「尊者送你禮物的時候，你還要想想這個禮物是不是合乎禮義得來的，這樣自然是不恭敬的，所以不應該拒絕。」也就是說，如果長輩送給我們一件禮物，不要多想，直接收下就可以了，這一點同樣適用於現代社會的人際交往。

有些人雖然表面上不拒絕，但心裡對此卻是拒絕的。其實這也很容易理解，畢竟有的東西的得來並不是正大光明的。像齊桓公或梁惠王，他們都是「率獸食人」之人，也就是說，他們的金銀財寶都是從老百姓那裡搜刮來的，所以他們在送禮的時候，有什麼理由不可以拒絕呢？但孟子對此卻有不同看法，他說：「其交也以道，其接也以禮，斯孔子受之矣。」大意是說，只要是依規矩正大光明地交往，合乎禮節地饋贈禮物，這種情況下，就算是孔子也會接受的。

所以，與人交往時，一定要有恭敬之心，面對別人的饋贈，只要你們的關係合乎行為規範，開心接受就好。

關於交友要恭敬，還有一個問題很重要。一提到恭敬，很多人首先想到的就是對朋友態度謙恭，有禮貌。這只是其中一個方面，還有一點非常重要，那就是跟朋友保持一定距離。親而有間，疏而有密，和而不同，美美與共，這才是交往的最高境界。

很多人在交友時，追求的都是與朋友「親密無間」，但這樣的友情很多時候都很難長久。因為時間長了，這樣就會模糊人與人之間最基本的界限，從而導致矛盾叢生，甚至反目成仇，現實中這樣的例子非常多。所以，保持一定的距離才是最好的交友之道。

兩隻刺蝟抱團取暖的故事大家應該都聽過。寒冷的冬天，兩隻刺蝟抱在一起相互依偎取暖。一開始，由於雙方抱得太緊，離得太近，各自身上的刺都將對方刺傷了。不得已，牠們只好調整了依偎的姿勢，相互拉開了適當的距離。這樣不僅可以取暖，而且再也沒有傷到對方。

總之，無論是結交新朋友，還是與老朋友相處，我們如果能做到互敬互愛，同時保持適度的距離，就像兩隻相互取暖的刺蝟那樣，就能讓關係隨著時間的沉澱而變得愈加深厚。

頌其詩，讀其書，不知其人，可乎？是以論其世也。是尚友也。

——《孟子．萬章下》

學會與古人交友

我非常崇尚一種生活、學習、處世的觀點——與古人交友。為什麼要和古人交朋友？是為了走近歷史。又為什麼要走近歷史呢？是為了讓你更清楚地看到未來。在你思考未來的時候，最重要的事情就是對未來目標的設定，這取決於你如何理解自己、理解他人、理解社會、理解世界。思考這些問題，就要清楚自己目前在哪裡，作為參照物，只有歷史能告訴你現在在哪裡，從這個角度而言，歷史才是那門最重要的「未來學」。學習歷史，如果不研究歷史上各個年代的人物，那麼歷史也是無從學起的。

南懷瑾曾經說：「古人著書立說，累積了多年成功與失敗的經驗，窮畢生精力，到晚年出書，流傳下來，我們如果不讀古書，那才真是愚蠢，因為有便宜不知道撿。」讀了古書，就是歷史的經驗，是吸取古人付出辛酸血淚的數千年經驗，供自己運用，所以何必自己去碰釘子，流血流汗，茹苦含辛再領悟出同樣的經驗呢？

孟子在和萬章談論古人的風雅時，提及這樣一個典故：如果一個鄉裡的優秀之人與我交朋友，那我就得到了一個鄉的賢德；結識了一國的出類拔萃者，我就有了無雙國士的積累；等我認識了整個天下當中的翹楚，我就有了世界範疇的智慧。但是，和天下的智善之人交朋友都還不能令我滿足，這是為什麼？因為還有古人呢！

和古人交朋友，都是「神交」了，畢竟你是見不到他的。但神交就更為重要了，因為你可以「頌其詩，讀其書」，進而感受到古人偉大的人格魅力和無盡的智慧。

去讀一讀古人的篇章吧，看看那浩瀚星河裡最璀璨的內容。上下五千年，有多少賢德之人，我們還沒跟他們交上朋友。在孟子看來，要和中華數千年出現過的所有傑出人物都交上朋友，這才夠。去看看司馬遷《報任安書》裡「士為知己者死」的無畏，去看看屈原《離騷》中「長太息以掩涕兮，哀民生之多艱」的憂愁，去看看王勃「落霞與孤鶩齊飛，秋水共長天一色」的意境，去看看范仲淹「先天下之憂而憂，後天下之樂而樂」的堅毅，去看看李太白「安能摧眉折腰事權貴，使我不得開心顏」的灑脫和「呼兒將出換美酒，與爾同銷萬古愁」的豁達，也去看看蘇東坡「竹杖芒鞋輕勝馬」的超脫和「老夫聊發少年狂」的豪放。

清代中興名臣左宗棠，在未得志前，連吃飯都成問題，但他的書房就有一副對聯：「身無半畝，心憂天下；讀破萬卷，神交古人。」這種胸襟，這種抱負，是年輕人應該效法的，也是與古人交朋友的意思。

到這裡，你大概理解了為什麼要和古人交朋友的第一層意思，這可以讓你領略古人的超凡智慧，能夠學以致用。然而，孟子認為這還不夠：「不知其人，可乎？是以論其世也。」孟子認為，我們單單理解了古人的作品，這夠嗎？不夠。我們還要了解古人所處的那些時代，通過時代的特點，感受古人的心。這種做法就叫作「尚友」。

這並不難以理解，正如我們現在講的《孟子》，可以看到，孟子本身說的話，直譯過來的話，語言本身能說明白的道理其實連一半都不到，其他的內容必須在他的延伸意義上有所體現，而且還必須建立在他所處的那個時代的基礎上，包括他的語境、他引用的典故、他所處的環境、心中的立場等等。

結合這些要素，我們可以大致整理出該如何與古人交朋友的要點：

一是將自己設身處地地放在他們所處的年代想問題，比如說，如果萬章這麼問我，我該如何作答？

二是採用反向思維，如果在今天我遇到了某些事，我是孟子的話，我該怎麼處理？

你看，這樣一來，不論是在工作還是學習生活當中，我們為人處世就都有了一定的標準，進而形成思維和邏輯上的習慣。一旦培養了這樣的習慣，我們帶你讀《孟子》的基本含義和深層目的也就達到了——遵從自己的心，像古代聖賢一樣對待他人，思考問題，處理事情。有了這種想問題、辦事情的方法，你就可以成為那種令人敬佩的人，保持開闊的胸懷和純淨的心靈，擁有高尚的道德與情操。

孔子進以禮，退以義，得之不得曰「有命」。而主癰疽與侍人瘠環，是無義無命也。

——《孟子．萬章上》

負能量者不可結交

前些年有部特火的電視劇《潛伏》，裡面有句臺詞特別經典：「所信者，聽也。而聽尤不可信。」其實這句話是有典故的，它延伸自《呂氏春秋》中孔子和弟子顏回的一段對話，子曰：「所信者目也，而目猶不可信；所恃者心也，而心猶不足恃。弟子記之，知人固不易矣！」孔子嘆息著說：「人們相信的是自己的眼睛，而眼睛看到的並不可信；我所依靠的是心，但心也不完全可靠。你們記住，要了解一個人不容易。」

有的人，自己沒什麼高尚的品行也就罷了，更過分的是，他還不願意承認其他人的品行，甚至不願意承認這世上有高尚的情操這回事。你說誰是好人，誰是正人君子，他偏不相信，反而一定要對這個人加以詆毀。

總有那麼一小部分人，或許是因為自己內心修煉得不夠，或許是沾染了太多外界的習氣，又或許是自身的性格所致，心態非常怪異，身上滿滿的負能量，內心全都是陰暗面。這類人，或者戴著偽善的面具，卻暗地裡處處與人為難，設置障礙；或者嫉妒心強，見不得別人取得一點成就，氣人有笑人無，自己卻毫無主見；又或者心態極差，稍遇困難和挫折就自暴自棄，從不反思原因、排查問題。

萬章曾經和孟子有過這樣一段對話，他對孟子說：「哎呀，聽說了嗎？孔聖人當年在衛國的時候住的是宦官癰疽家，想通過這個宦官接近衛國國君。據說他住齊國的時候也是這樣，為了接近齊國國君，住在齊國國君寵幸的宦官瘠環家裡。」他的言外之意是：你看，孔聖人也不過如此……

萬章這個問法，是不是特別容易讓你聯想到有些人的那副背後嚼舌的嘴臉。對於萬章的話，孟子是這樣回答的：「沒有這回事，這是好事者的捏造。孔子當年住在衛國賢臣顏讎由家裡。當時衛國國君的寵臣彌子瑕的妻子和子路的妻子是姐妹倆，在一起交談時，彌子瑕對子路提出，讓孔子住在他家，便於接近君主，那麼封侯拜相就易如反掌。子路將這話告訴孔子，孔子認為能不能得官位，自有天命。孔子的進退都依照規範和義禮，認為能否得到都是上天的安排。這樣的人會居住在癰疽、瘠環的舍下充當門客以求機會嗎？」

政府的組織部門，有一項特殊的職能，叫監控輿情。

什麼意思呢，就是密切關注社會上對組織內幹部的輿論，民間評論，坊間傳聞，以及同僚之間消息互通有無。對獲得的第一手信息的真偽加以甄別和分析，進而可以更好地對幹部進行考察。這有些類似於古代君王為整頓朝綱採用的「風聞言事」，是一種廣開言路的策略。但就目前看，賦予組織部門這樣的職能，更多的是為了保護好人、避免一些負能量的人通過不齒的手段做一些傷害別人的事。負能量帶來的傷害和影響由此可見一斑。

與一個負能量的人相處，只會將你也拉入消極的情緒中，讓你也同他一樣怨天尤人，放棄進步，甚至為了自己的私欲去惡意詆毀、傷害別人。

孟子用和萬章對話的方式來告訴大家，孔子是一個親賢遠小的人，正因為如此他才能維護心中的道義。這其實也在警示大家，遠離那些對你產生負面影響的人，只有這樣才有機會獲得成長，成為更優秀的人。

於齊國之士，吾必以仲子為巨擘焉。雖然，仲子惡能廉？充仲子之操，則蚓而後可者也。

——《孟子．滕文公下》

遠離那些沽名釣譽的人

我先來講一則小故事，是關於古代的賢人伯夷和叔齊的。

商朝末期，伯夷、叔齊是孤竹國國君的兩個兒子。孤竹君想在自己死後立叔齊為新君，但孤竹君死後，叔齊卻要把國君的位置讓給哥哥伯夷。伯夷不想繼位，就逃走了。叔齊也不想繼位，也逃走了。

後來，兩人都去投奔西伯侯姬昌，但等他們到達時，姬昌已經死了。姬昌的兒子武王姬發，正用車子載著父親的靈牌去討伐紂王。伯夷和叔齊看到了，就對武王說：「您的父親還沒有安葬，您就大動干戈，這是不孝；您以臣子的身分去殺害君王，這是不仁。」左右軍人很生氣，想殺了他們倆，多虧太公姜尚出來說情，才把他們送走了。

後來，武王平定天下，建立了周朝，伯夷、叔齊以此為恥，堅決不吃周朝的糧食，隱居在首陽山上，採集蕨菜充饑，後來就餓死在了首陽山上。

後人很多都讚美伯夷、叔齊是廉潔、清高之士，認為他們很有風骨，但一些有識之士卻並不推崇他們的這種行為，認為他們過於固執了，違反了社會基本的發展規律，不願意與整個社會配合，這就是沽名釣譽。

事實上，即使在今天，廉潔、清高等固然是優秀的品質，但同樣不宜過於執著。這就像我們常說的那句話「水至清則無魚」一樣，做人做事都應該把握好一個度，不鑽牛角尖，懂得找到相應的平衡，這樣待人處事才能免除一些不必要的煩惱，成為真正的聖賢之人。

孟子曾與齊國一位名叫匡章的將軍討論過廉潔的話題，當時齊國有個廉士叫陳仲子，他居住在齊國一座偏遠的山裡，三天不吃飯，餓得頭暈眼花。這時，他模模糊糊地看到井邊有半個李子，已經被蟲子吃掉一半了。他就趕緊爬過去，吃下這半個李子，才慢慢緩過來。

匡章認為，陳仲子是個廉潔之士，孟子聽後，就說：「要說當今齊國這些名士，個個都沉溺於富貴，貪功逐利，陳仲子能做到這樣，我也給他豎大拇指。」意思是這人很厲害，我敬他是條漢子。

但是，孟子卻並不認為陳仲子的這種行為就是廉潔。因為陳仲子並不是真窮，他出身世家，享有世襲的祿田，可他卻嫌棄哥哥的錢是不義之財，非要自己搬到山上去住。有一次，他去哥哥家看望母親，母親給他殺了一隻鵝，燉給他吃。當得知這隻鵝是別人送給哥哥的人情往來時，他竟把吃下去的鵝肉都嘔了出來。

顯然，陳仲子是在學習伯夷、叔齊，可孟子認為，他住的房子是別人蓋的，吃的糧食也是別人種出來的，他怎麼判斷自己住的房子一定是聖人蓋的，吃的糧食一定是聖人種的呢？萬一是壞人、強盜蓋的房子或種出來的糧食怎麼辦？

所以，孟子認為，陳仲子的行為就是沽名釣譽，很荒謬，根本與廉潔、清高不沾邊。如果把這種行為擴而廣之的話，那人就只能學蚯蚓，上食埃土，下飲黃泉，才叫真正的廉潔了。對於這樣的人，並不值得讚頌，更不值得效仿。

我們的生活中也有這樣一些人，為了某些名譽、聲望等，故意做出一種清高的姿態，實際上根本就是名不副實，徒有虛名，於人於己都沒什麼價值。所以我們在判斷一些人時，不能光看外表，更不能去追尋那些虛無縹緲的名聲，而應該從他的事業，從他工作的事跡或成就上來判斷這個人。

當然，一些有事業、有成就的人也不見得就一定有境界、有操守，我也見過很多成就斐然，但人品卻很低下的人。因此，除了要從一個人的工作、事業去判斷，還要從他的人品、胸懷、氣度上去判斷，從某種程度上來說，從人品、胸懷方面判斷一個人往往比事業、名聲等更靠譜。一個人可能一輩子沒做成什麼大事，但他人品好，心胸寬廣，對人對事有獨立的看法和思考，這樣的人更值得結交。

所以說，不管是伯夷、叔齊，還是陳仲子，在我們今天看來，他們的所作所為都不是一個正常人應該做的，也不值得我們今天的人效仿。人活在世上，還是應該用開放的心態看待世界，即使是真的想要追求廉潔、高尚的操守和品行，也不宜刻意追求與眾不同，要知道過猶不及的道理；要經常性地反思自己，弄清怎樣才算是一個真正有操守、有品行的人。雖然孔子說「伯夷叔齊求仁得仁」，但用餓死自己的方式去求仁，這在任何時候都不值得提倡。

第五章

反思的深度

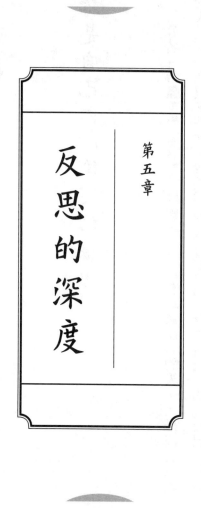

仁者如射，射者正己而後發，發而不中，不怨勝己者，反求諸己而已矣。

——《孟子．公孫丑上》

你是自己內心衝突的根源

著名古希臘哲學家蘇格拉底曾說：「沒有經過反思的人生，是沒有意義的人生。」在很多時候，我們需要先認識自己，反省自己，改正自己，才能對事情做出準確的判斷，過好自己的人生。

只可惜，我們大多數人都不太善於反省自己，遇到問題也習慣於先從外部尋找原因或藉口。在《與成功有約：高效能人士的七個習慣》中，作者史蒂芬・柯維就提到，西方人很遵循孔子的理念，比如孔子所講的「君子求諸己，小人求諸人」。但現在很多年輕人一旦遇到問題，第一反應往往是：「這樣公平嗎？」「這不是歪風邪氣嗎？」「這件事做不好，是因為領導不支持我，同事不配合我，客戶不給我面子呀！」……你看，大家把矛盾都指向了外在。

在心理學上，這種狀況被稱為認知失調，就是當你覺得自己應該很棒，實際卻沒有那麼棒的時候，你的認知就會出現失調。可人是不能接受自己認知失調的，這就像狐狸看到葡萄，自己吃不到就說葡萄是酸的一樣。接受不了自己認知失調，就會從外面找理由，就像狐狸一樣，當它說完葡萄是酸的後，自己雖然還是沒吃到葡萄，但自己的心情卻變好了，這就是調整了自己的認知失調。

然而，當一個人不斷運用認知失調的方式來處理問題時，就會發現自己的影響圈變得越來越小，做什麼事也越來越不順利。

那我們要怎麼改變這種狀態呢？

孟子給出了解決方案，他用人在射箭時的狀態告訴我們，「射者正己而後發，發而不中，不怨勝己者，反求諸己而已矣」。意思是說，你在射箭時，想要讓箭射中靶心，就必須先端正自己的姿態，然後放箭。

我自己就射過箭，對射箭這項活動感受頗深。在射箭的時候，真的需要把姿勢調整好了，把氣息調勻了，整個姿態都準備好後，再把箭放在弦上，射出去，這樣才能射中。

射箭最怕的就是姿態不規範，氣息不穩，眼睛還一直瞄前方那個靶心，手動來動去，這樣箭射出後肯定會偏。所以孟子說，如果你的箭沒射中，不要去怨恨射中的人，也不要埋怨比你射得好的人，而應該在自己身上找原因，看看自己在哪些地方做得不到位。這既是仁道，也是我們做事時應該有的態度。

我們在工作中也應該保持這樣的態度，遇到問題不要怨天尤人，而是不斷調整自己，讓自己變得更好，這時你做事的狀態才會越來越好。否則，你就會覺得自己的工作越來越糟糕，長期下去，你的心性就會受到影響。就像孟子說的那樣，做弓箭的人、做棺材的人，原本都是為了幫助別人，給別人提供便利，但如果做弓箭的人整天想的都是自己的箭能射殺多少人，做棺材的人希望自己的棺材賣得越多越好，老想著害人，那就會喪失仁義。孟子把這種人稱為「人役」，也就是天生的奴僕。他們喪失了自己向好的選擇，完全把自己交給了欲望，交給了外部環境，成了環境的奴役。

但是，這些人明明自己當了奴役，卻還覺得當奴役是一件很羞恥的事。比如，有的人自己在工作中做不好，就說這份工作太差勁，沒前途，這就像造弓箭的人覺得造弓箭很可恥一樣。

這種狀態在心理學中可以找到很多依據，比如《我們內心的衝突》這本書中就提到，很多人每天都生活在大量的衝突之中。我們希望孩子好，我們表現出來的行為卻是不斷地欺負孩子、指責孩子，甚至打罵孩子。我們渴望得到愛，卻經常跟愛人吵架，說著各種傷害對方的話。你看，你所做的這些事跟你想要得到的結果都是衝突的、矛盾的，甚至是完全相反的，這就叫「人役而恥為役」。

你如果不希望自己是這種狀態，不被外部條件所約束，不被自己所束縛，那就要善於反求諸己，多從自己身上找問題，並積極尋找解決問題的方法。

我們公司以前招了一個小夥子，當時新入職的人都是從最基層的工作做起，這時跟他一同進來的員工就有抱怨的：「我們每天做這些無聊的工作有什麼意義呢？」、「做這些重複的工作能有什麼希望？」

但是，這個小夥子卻什麼都不說，每天認認真真地完成自己的工作，而且還力所能及地幫助其他人做一些最基礎、最辛苦的工作。

更讓人覺得可貴的是，小夥子從進入公司上班第一天起，就每天堅持寫工作日誌，把每天自己做的工作、學到的知識都詳細地記錄下來，遇到問題就去請教老員工，這也讓他比那些和他一同進入公司的員工進步快得多。

不到一年，這個小夥子就掌握了基層工作的全部要領，之後被調到重要部門去工作了。而跟他一起進來的其他員工，有的還在抱怨自己懷才不遇，沒有伯樂賞識自己呢！

反求諸己，遇事先思己過，不但能讓我們提升自己的認知能力，還能淨化心靈，化解內心的衝突和矛盾，讓自己的仁性和人性真正流露，這樣你才能變得越來越優秀、越來越強大。這時不論你再做什麼，都會有前所未有的激情。

行有不得者皆反求諸己，其身正而天下歸之。

——《孟子．離婁上》

善於反省，才能不斷成長

古人都特別講究反觀自省，曾子就曾經說過：「吾一日三省吾身。」意思是自己每天都要多次檢討審視自己的行為和想法，看看有沒有不恰當的地方。孔子也說過：「君子求諸己，小人求諸人。」一個君子，一定要能夠約束自己、要求自己，嚴於律己；只有小人才會經常怪罪別人、指責別人，很會原諒自己。這些智慧都是在告誡後人要善於反省自己。

人最大的弱點就是容易看到別人的缺點，卻對自己的不足視而不見。一旦遇到問題或麻煩，第一反應就是埋怨外界的事和物，把責任推到別人身上，好像這樣就能讓自己輕鬆一些，心理壓力小一些。但是，這種缺乏擔當、不敢正視自身弱點的做法，輕則阻礙自己心智的發展，重則害人害己。

大明王朝最後一位皇帝崇禎，在臨死前就說：「朕非亡國之君，臣皆亡國之臣。」至死都認為自己勵精圖治，是個好皇帝，亡國是因為朝中大臣不行。聽起來好像有那麼一絲道理，但反過來說，這幫大臣是誰任命的、誰安排的呢？

一個人不能反求諸己，就會覺得這個世界特別醜陋，特別令人絕望，而善於「反求諸己」，才有可能會出現「其身正而天下歸之」的結果。《論語》開篇就講過：「為政以德，譬如北辰，居其所而眾星共之。」你只要內心端正，以仁德治理國家，就會像北極星一樣，所有星辰都圍繞它轉動，天下的人也都會過來歸附你。

三國時期，諸葛亮率兵北伐，出發前，為保後方無憂，安排馬謖在街亭駐守。街亭當時是蜀國要道，只要守住這裡，就能保證北伐軍後顧無憂。但馬謖因為麻痺大意，丟失了街亭，直接導致蜀軍進無可攻，退無可守。後來，諸葛亮斬了馬謖，並且要求後主劉禪處分自己。劉禪念及諸葛亮的功勞，並沒有責罰他，但諸葛亮還是自降三級，深刻地檢討了自己。

當然，蜀國在諸葛亮死後還是滅亡了，但在前期的建立和發展中，很多人還是奔著諸葛亮和劉備的名聲來投奔蜀國的。

孟子曾說：「愛人不親反其仁，治人不治反其智，禮人不答反其敬。行有不得者，皆反求諸己，其身正而天下歸之。」當我們想對別人好，想跟別人親近時，發現對方並不跟我們親近，那我們就要反思一下，是不是自己的仁愛還不夠；當我們想要管理別人，對方卻不服管時，我們也要反思一下，是不是自己的智慧還不夠，處理的方式不夠好；當我們對別人以禮相待，發現對方不搭理我們時，我們也要反思一下，是不是自己的恭敬程度不夠，或者不夠誠心。

歸根結柢，這些反映的都是一個本質問題，就是「仁德」，你自己的仁德夠不夠。仁德夠了，一言一行都合乎天理，一切就都順了。就像《詩經》上講的那樣：「永言配命，自求多福。」這裡的「自求多福」與今天的含義不一樣，它的意思是你只要努力做好自己，做好自己該做的事，配合天命，就會獲得更多的福報。相反，仁德不夠，又不經常正己，只會責怪別人，那你就什麼都做不成，也得不到。

我們生活中也有很多善於反省自己的人，遇到問題先從自己身上找原因。別人對之不敬，他會反省自己的言行舉止是否合宜；別人不信任他，他會檢查自己的所作所為，看自己是否有過輕言妄語，說過什麼不靠譜的話。所以他們遇到問題也很少抱怨，不論是個人成長，還是經營事業，都會不斷進步。

但也有些人恰好相反，他們遇到問題就習慣先從別人身上找毛病。合作出了問題，不先想自己是不是哪裡做得欠妥，而是去怪合作方太過分；發生了糾紛或衝突，只覺得是對方的過錯，不去換位思考。這樣的人通常只能在原地踏步，甚至可能越活越倒退。

這裡還有個問題，就是我們要分清楚影響圈和關注圈的區別，孟子是要求我們多做影響圈的事，但大部分的俗人更多地會把精力花在關注圈當中，整天在評論、八卦、「吃瓜」，看別人的熱鬧，看不到自己的問題，結果就導致自己的影響圈變得越來越小。而孟子的辦法就是遇到什麼問題都不要去責怪別人、找別人的毛病。就算別人有問題，那也是他的問題，不是我們的問題，我們只需要解決好自己的問題就行。

我之前講過一本書，叫作《思辨與立場》，其中也提到，如果你在這個世界上還有煩惱的話，那一定是因為你的思維方法錯了。這句話聽起來雖然絕對，但卻不無道理。它就是在提醒我們，遇到困難、煩惱要向內找原因，看看自己能夠改變些什麼，不要動不動就抱怨，求仁而得仁，有什麼可怨的呢？

我們如果能把孟子的「行有不得者，皆反求諸己」和《思辨與立場》中的觀點想通的話，也許真的就會把生活中的所有問題都想明白了。

君子所以異於人者，以其存心也。君子以仁存心，以禮存心。仁者愛人，有禮者敬人。愛人者，人恆愛之，敬人者，人恆敬之。

——《孟子．離婁下》

時刻審視自己的「立場」

縱觀我國古代封建時期，有三個時空坐標——商周之變，秦漢之變，唐宋之變。秦漢之變關乎思想，春秋時期各家思想百花齊放，進而各國變法，為大一統建立基礎。唐宋之變將我國古代豪族社會轉變為平民社會，激發活力，宋朝因而被稱為中國的「文藝復興時代」。而後兩個時代，政治家和改革家們不管在做什麼事，都經常會仰仗一個極為宏大的敘事，他們管這個叫作「復周禮」。

我認為非常有必要給大家解釋一下這個「禮」。你如果單純地把禮理解為禮貌、恭敬、謙卑有氣度，那就很難理解這句話的真正含義。禮又稱「周禮」，源自周朝。《左傳》記述：「國之大事，唯祀與戎。」祭祀，就是周朝最高的「禮」。禮代表傳統，代表君主、貴族、官僚與百姓的關係。到春秋時期，各國為了富強，開始改革、變法，思想也呈現百花齊放的狀態，帶來的必然結果就是人們不再認為「禮」是必要的，進而「禮崩樂壞」。如果放在這個時間維度理解，你就會意識到，孔子作為儒家思想的開創者，孟子作為儒家思想的集大成者，他們要做的就是克制自己的各種衝動和欲望，按照傳統要求的「禮」的標準來做事，用這樣的辦法實現儒家的最高思想——仁，於是有了那個成語——「克己復禮」。

思想百花齊放的年代裡，儒家思想對待時局的態度是回歸傳統，因此，「復周禮」是儒家思想在那個年代的基本方針和路線。正如孟子所說的「自反而縮，雖千萬人，吾往矣」。理解了這個，你就充分理解那個成語——「殺身成仁」的深層次含義。所以，這裡的「禮」，是一種立場。

人必須要有自己的立場，做事情也是一樣。

我以前講過一本書，書名叫《思辨與立場》，它講到：不同階段的世界需要不同的思維，作為一個思考者，要具備批判型思維，但在那之前，要先學會自省。關於思維和立場的關係，書中提到，不同的立場，會使思維受到不同力量的塑造，而思維又塑造著我們的信念系統。

孟子認為，君子不同於一般人的地方在於他們存心不同，君子的存心在於「仁」和「禮」。人是相互的。這體現在立場上，體現在思維上，進而反饋到人與人的接觸、交往上。

有禮者敬人。你面對的人，無論什麼身分、地位，你都能一如既往地以禮相待，那麼人們回敬於你的自然也是禮貌有加的態度，這就是有禮、有仁。東漢的孟嘗「安於仁愛，弘揚道義，特別醉心於道德，行為高潔脫俗，才幹出類拔萃」，因此他治下區域的百姓無一不擁護他的地位。

再比如，一家企業的領導，一方面要求公司的員工對他禮敬有加，一方面卻又毫無限制地安排下屬從事額外的工作，還把這當作一種企業文化或者精神，這就是一種錯誤的立場，沒有通過換位思考審視過問題，這就是無禮和不仁。

其實，孟子的這段話，我們如果加以借鑑的話，可以通過逆向思維進行審視。比如說，我們可以問一問自己，是否對別人一視同仁、以禮相待；然後再問問自己，其他人在生活和工作中對自己是不是也彬彬有禮，充滿關愛。最後再問問自己，現在的我，是一個合格的正人君子嗎？

這是帶有很強邏輯性的提問，它的特點在於，如果你的第一個答案是肯定的，那麼第二題和第三題的答案也勢必是肯定的；如果第一題你的答案就是否定的，那麼剩餘兩題的答案也自然是否定的，絕不可能出現第一題「是」，第二題「不是」的情況。

要在這三個問題上一直處在正確的一方，就需要不斷審視、回顧自己為人處世時的立場。在立場這一話題上，小說《靜靜的頓河》中的主人公格里高利的曲折命運，令人印象深刻。在感情上，他既不捨妻子娜塔莉亞與他藕斷絲連，又和情人阿克西妮婭糾纏不清。在事業上，他在革命者和反革命者之間搖擺不定。作為哥薩克人，他有著典型的美好品質——勇敢、堅強、不畏邪惡，但當面對苦難與抉擇，格里高利身上那種偏執和局限又展現得一覽無遺。由於沒有立場，或者從來不停下來審視一下自己的立場，格里高利變得壓抑、侷促、彷徨，最終走向悲慘、痛苦與孤獨的歸宿。

人應該有個相對寬鬆一點的立場，要灑脫一點，看事物淡然一點。一個人的內心世界能容納多少，他最終就能得到多少。的確，越寬容別人，就越有利於自己。難以容人之人，不僅很難得到快樂，而且很難擁有幸福。

不以文害辭，不以辭害志。以意逆志，是為得之。

——《孟子・萬章上》

領會讀書的外延和內涵

我在講課的時候，經常有學員問我：「樊登老師，知道您的讀書會很火，但有的人說，這個世界有很多事不是單單幾本書就能解決的，甚至有人說讀書會毀掉一個人，對此您是怎麼看的？」

也許平時讀書過程中，我們也確實經常會被作者的思維和邏輯所感染和左右。書中可能會有一個地方讓你茅塞頓開，也會有些地方讓你感同身受。但當你想要把這些內容運用到實際生活中的時候，你卻發現有力使不上，難以將它學以致用。其實這個問題在歷史上困擾了很多讀書人，德國哲學家叔本華就曾在他的論文中明確指出：「讀書是別人替我們思考，一個人如果整日讀書，他將逐漸喪失思考能力。」

作為一名熱愛讀書的人，我也曾被這個問題困擾，但是與一些人不同，我認為，讀書是絕對不可能毀掉一個人的，這一點，我從未懷疑。高爾基講，書是人類進步的階梯。想一下，一個沒有書籍的世界，該是多麼的可怕。所以當感到困惑時，我還是會選擇從書中找答案。

美國的教育家莫提默曾在他的代表作《如何閱讀一本書》中解讀讀書的目的，他說讀書的目的是提高自身的理解能力，告訴我們在讀書的時候要善於理解書中的文字，當理解的文字足夠多，就能夠提高我們對事物的理解力。這本書中還有一句話：「我們生存的目的就是更好地去理解世界。」這句話一語道破了讀書的真諦。文字是死的，人卻是活的，人一生的經歷有限，無法遇到太多的人，更無法見到已故的先賢們，所以需要文字把我們的思緒連接到一起。但如果我們在讀書時僅僅依靠文字去理解文字，恐怕最終得到的並不是當時作者所要表達的含義。

兩千多年以前，孟子的徒弟咸丘蒙曾經問孟子一個問題，他說：遠古時代的帝王舜在坐上王位以後，他的父親瞽叟也向他參拜。我看書上寫著「普天之下莫非王土，率土之濱莫非王臣」，那當時的瞽叟既是舜的父親，又是舜的臣民，豈不是亂了儒家所講的君君、臣臣、父父、子子的名分了嗎？

這是一個非常尖銳的問題。舜是孟子的偶像，孟子經常用舜的例子來解釋自己的論點。他的徒弟對舜提出了質疑，其實也等於對他的觀點提出了質疑。而當時孟子並沒有急於為徒弟解釋舜，而就徒弟的論據「普天之下莫非王土，率土之濱莫非王臣」做出了解釋，他教導徒弟讀書一定不要「以文害辭，以辭害志」，意思是說，在閱讀的時候不要因為書面解釋的意思來曲解作者真正想表達的含義。這句話的意思是，普天之下的事都是王要做的，而對於兒子而言，孝的最高境界就是用天下來贍養自己的父母。舜正是做到這一點的賢德之君。

讀書只有不停留在文字表面，甚至不拘泥於以往的解釋，才能夠獲得真正的含義。孟子為了繼續論證這一觀點，又舉了《詩經》中的另外一個例子，《詩經》中記載：「周餘黎民，靡有孑遺。」說的是有一年周地遭逢大災，死了很多人。如果從字面意思來解釋，就是周地的黎民在一場災難過後沒有一個活下來，這裡的「孑」就當「一」講。孟子認為，這顯然是不可能的。這只是記錄這件事的人用了誇張的寫作手法，來形容這場災難所帶來的嚴重後果。而事實上，周地的百姓並沒有死絕。

現在很多人認為讀書的作用並不大，只是為了日常休閒；還有人說：「如果去讀幾本書就能解決人生的問題，那人生豈不是過於簡單了。」這話說得有道理，幾本書當然無法解決你所面臨的人生問題，它只不過是一個文字的載體，所謂「文不盡其言，言不盡其意」，從書面上的文字到作者想要表達的真正含義之間還有很大的距離。很多人之所以說讀書無用，就是因為他們在閱讀時只停留在文字表面，並沒有去真正思考作者為什麼要這樣去寫。其實我們在閱讀的時候，思考時間應該遠遠大於閱讀時間。孟子說：「以意逆志，是為得之。」要用自己的思考去領會作者想要表達的意思，才能得到文章中的真諦。

在我們身邊其實有不少好書，它們是打開思想之門的鑰匙，而想要走進這扇門還需要我們自己去不斷探索。

老吾老，以及人之老；幼吾幼，以及人之幼，天下可運於掌。

——《孟子．梁惠王上》

做事要善於推己及人

我在做培訓期間，經常給一些企業高管講關於「領導力」的課程。每次我講完後，都會有高管來跟我說：「樊老師，您這裡邊的內容講得特別好，其實很多事都是我平常做過的，但我就是沒弄清這個原理，不知道自己為什麼要這麼做。現在聽您一總結，我才明白自己以前做那些事的原因，真就是那麼個道理！」

他們說的是什麼意思呢？

意思是說，以前他們在做對一些事情時，似乎是出於一種本能，或者說是經驗，但反過來想一下，自己當時為什麼那麼做，卻又想不出原因，講不出道理，經過我一講解，他們才真正明白自己當時那麼做的原因。

這其實就像孟子與齊宣王的這段對話中講的一樣，孟子用一番心理分析，指出齊宣王不忍殺生的惻隱之心，便已具備了「王天下」的潛質，齊宣王聽了很高興，覺得孟子簡直就是自己的知己，說出了自己的心聲，「夫我乃行之，反而求之，不得吾心；夫子言之，於我心有戚戚焉」。這些事我都是這麼做的，但我又想不出是什麼道理，現在你一講，我覺得太對了，你的話跟我很有共鳴。

這與我給那些企業高管講課產生的效果是一樣的，但這裡有一點要注意，就是在這種狀態下，你做對了自然是好事，但也可能會做錯，因為你不了解自己做事的初心和目標，做事很盲目，出錯也在所難免。

所以接下來孟子用一段精采的比喻，給齊宣王上了一課，說如果有人告訴大王，他能一下子舉起三千斤重的東西，卻拿不起一根羽毛；他能看到鳥獸身上新長出的絨毛，卻看不到一車薪柴，大王你相信嗎？

齊宣王說：「我肯定不相信。」

於是孟子繼續推論說，你對一頭牛有惻隱之心，但你做的事卻不能讓百姓過得很好，為什麼呢？就像有人說他能舉起千鈞，卻拿不起一根羽毛，能看到鳥獸身上的絨毛，卻看不到一車薪柴一樣，因為根本就不想這樣做，不願意這樣做。如果你能把對牛的這份仁慈之心推廣開來，用在百姓身上，就能看到百姓的疾苦，體恤百姓的艱難。倘若再能做到「老吾老，以及人之老；幼吾幼，以及人之幼」，將自己的恩德推廣，一天天做下去，那麼「天下可運於掌」，甚至「足以保四海」，安定天下也就是舉手之勞了。

從孟子與齊宣王的對話中，我們發現「推己及人」這件事很重要。我在講課時經常講到，一個人能不能做成大事，是不是具有商業思維，能不能賺到錢，根本不在於這個人有多高的學歷或多強的管理能力，而在於他是否具備很強的對他人的感知力和同理心，或者是否能夠換位思考，推己及人。自己得利時，也讓別人得利；自己不受害時，也不叫別人受害。

《孟子》中講過一個故事，戰國時期，有個叫白圭的人治水，有人建議他學大禹治水的方法，把水導到大海裡去，他卻說：「不用費那麼大力氣，把水排到鄰國不就行了嗎？」殊不知，洪水對鄰國也同樣有害呀！

相反，明末農民起義軍首領李自成卻說：「殺一人如殺我父，淫一人如淫我母。」把百姓看作自己的父母，因而起義軍發展迅速。

具備這種能力的人，都會先對自己有足夠的了解，知道自己最想要的是什麼。了解了自己，再推己及人，再推及萬事萬物，最終達到通達。

我曾講過一本書叫《為什麼我的青春期孩子不和我說話》，裡面說很多家長不理解，為什麼處於青春期的孩子不願意跟他們好好溝通，其實有一個很重要的原因，就是那些家長似乎忘記了自己在青春期時的表現。我就經常看到我身邊的一些朋友，在教育自己孩子時義正詞嚴，好像自己是個道德楷模一樣。我就提醒他們說，咱們小時候比他們還渴望自由，幹的事情比他們還糟糕，你怎麼忘了呢？

做任何事，或與任何人相處，想要做成功，首先要與自己和解，先把自己研究明白了，看清自己的初心，之後才能理解別人的想法和做法，把事情做好。這正如孟子對齊宣王說的那樣：「古之人所以大過人者，無他焉，善推其所為而已矣。」古代的聖賢之人之所以比我們強，沒有別的，只是善於推己及人罷了。

恥之於人大矣。為機變之巧者，無所用恥焉。不恥不若人，何若人有？

——《孟子．盡心上》

「知恥」才能讓自己變得更好

古人說「開卷有益」，意思是只要讀書就是好事。但是很多現代人已經不認同這種說法了，比如經常有年輕人跟我說：「樊老師，我還是喜歡通過電視或網路了解各類訊息，喜歡在實際生活中跟人交往和學習，通過各種視覺化的東西來獲得更多的知識。」

我不反對這種獲取知識的方式，但我認為僅靠這些是遠遠不夠的，所以我會問他們：「你能在生活中遇到孔子、孟子嗎？你能遇到蘇格拉底嗎？」

實際上，我們一生在生活中所遇到的人，都是跟自己的水平和能力差不多的人，偶爾有比自己強的，可能還是自己的老闆。天天跟與自己差不多的人在一起，其實就相當於把自己困在了原地。

當然，也可能有人說，我就是個普通人，對自己很滿意，你能力強、修為高跟我沒關係。這種想法也沒什麼不對，只是缺少了一種進取心，用孟子的話來說，就是：「不恥不若人，何若人有？」不以趕不上別人為恥，又怎麼能趕得上別人呢？

古語中還有一句話，叫「一事不知，以為深恥」，意思是說，自己有一件事不知道、不了解的，就深深地感到羞恥，這與孟子的「不恥不若人，何若人有」簡直是交相呼應。知道自己有不足的地方，就應該積極修正自己、提升自己，而不是說有不足就算了，就這樣吧，反正我也有比別人強的地方，這是永遠不會有進步的。比如你跟人聊股票、聊投資，發現自己完全不懂，那有的人就認為，不懂就算了，也不影響我什麼，我也不想炒股，不想投資。

但是，如果換作孔子、孟子這樣的人，他們可能馬上就會找相關的書來讀一讀，了解股票、投資都是怎麼回事。當然，了解了這方面的知識，也不代表你就一定要去炒股、投資，但卻能增加自己的知識儲備。而且在你真的了解以後，也許就會對股票、投資產生興趣，深入地研究它們；又或者有機會接觸到行業內的大咖，為自己帶來更多更好的成長機會。

我在外出講課時，經常會遇到一些年輕人，因為在公司受到的待遇不好而吐槽，但你讓他們去改變，去提升自己，他們又不願意。這就形成了一種惡性循環，除了吐槽抱怨，學不到任何有價值的東西，即使跳槽到其他公司，也難有突破。所以我們發現，很多人總是頻繁地換工作，哪份工作也幹不長，可各方面始終沒什麼提升。這就是因為「不知恥」，故而也沒有「後勇」。

我在碩士畢業前夕，考完最後一科後，就讓我們同學在門口垃圾桶前集合，然後我鄭重其事地拿出課本，當著同學的面說：「看好了，我把這些課本都丟進垃圾桶，從此以後，我再也不參加任何形式的考試！」

後來到北京工作，進入中央電視臺後，忽然覺得自己特別無知。每天跟著鄭也夫、楊東平這樣的名教授一起開策劃會，一句話都插不上，人家說啥也聽不懂，就只能做做樣子，在一邊假裝記錄，內心裡感覺十分丟臉。

知道丟臉就是好事，知恥才能後勇，所以之後我就開始想辦法提升自己，讓自己讀書，豐富大腦中的知識，至少要做到人家大咖講話時我能聽懂吧！

具有恥辱之心，對人真的至關重要，它可以激發我們的上進心，讓我們產生提升自己、奮發圖強的動力。

清末學者朱起鳳曾經因為弄不清「首鼠兩端」和「首施兩端」可以通用，結果出現了對學生作文誤批的現象，被當時的人恥笑。從此，他就奮發學習，收集整理了近萬條詞語，並且認真編排，博舉例證，對這些詞語加以解釋，著成了三百餘萬字的《辭通》。後來這本書成了人們學習古文的必備工具之一。

實際上，不但我們個人的能力可以與知恥之心聯繫在一起，我們的道德觀念也與「知恥」有關。一個人具有知恥之心，做錯了事會慚愧，辜負了別人的期望會內疚，行為不當會難過，也因此，才能守護好自己的道德底線，做個自尊、善良、堅持道義的人，不去做糟糕的，甚至違反道德的事情。康有為就曾說過：「人之有所不為，皆賴有恥心。」而巧言令色、搞陰謀詭計的人是沒有羞恥心的，就像孟子說的「為機變之巧者，無所用恥焉」。這樣的人，就算是再聰明、再有能力，也難以受到別人的歡迎和重用。

（孟子）曰：「四境之內不治，則如之何？」王顧左右而言他。

——《孟子．梁惠王下》

逃避永遠無法解決問題

之前我在西安講課時，跟一位樊登讀書的讀者有過簡單的溝通。他說他曾在一家公司做HR，由於缺少工作經驗，他當時工作很吃力，一方面想快速提升自己，另一方面接踵而來的工作又讓他應接不暇，最終他感覺自己不適合這份工作，跟領導提出辭職。領導當時還是滿器重他的，就跟他說：「你剛入職場，可能還沒有太深的感觸，其實做任何工作都會遇到很多問題，想辦法慢慢解決就可以了。」

但他沒聽進去領導的話，還是堅決辭職了，不久後又入職一家文化公司。結果他發現，自己每天早出晚歸不說，還有各種各樣的選題、採訪等著他去處理。漸漸地，他感覺自己又應付不了了，又萌生了辭職的想法。

他當時跟我說：「樊老師，您說我是不是幹什麼都不行，還是我確實沒找到更適合自己的工作？」

我相信很多人都有過類似的經歷，感覺自己在工作中力不從心，於是產生自我懷疑，甚至萌生退意，想找個更適合自己或感覺更輕鬆的工作。但我要說的是，不論你換什麼樣的工作，最後發現都會遇到各種各樣的問題，所謂的不適合、不適應等，都是想逃避問題罷了。但只要你不想辦法把問題解決掉，你換什麼樣的工作都是治標不治本。

遺憾的是，從古至今，逃避問題的人大有人在，哪怕是高高在上的國君，也不見得就能迎難而上。比如孟子與齊宣王對話中，孟子問齊宣王：「四境之內不治，則如之何？」意思是說，一個國家治理得不好，該怎麼辦？

國家該由誰治理？自然是由國君治理。那麼國君沒有把國家治理好，該怎麼辦呢？這時，如果是一個真想解決問題的國君，應該問孟子「願聞其詳」，或者「可能是我做得不好，請您指教」之類的，和孟子討論一番，找到解決問題的方法。

齊宣王是怎麼做的呢？

齊宣王根本就沒接孟子的茬兒，而是「顧左右而言他」，左右張望一番，把話題扯到別處去了。很顯然，他並不願意面對這個實質性的問題。當然，這也是齊宣王的本性，因為之前在孟子給他講應該實施仁政時，他就多次對孟子說「寡人好色」、「寡人好貨」、「寡人好勇」，這都是讓問題停留在表面而不去處理的手段和技巧。哪怕他已經知道問題在哪裡了，仍然不斷給自己找藉口，把該解決的問題迴避開，這樣他就不用去解決了。

西方人有個特別有趣的比喻，叫「房間裡的大象」，意思是說，房間裡有一頭大象，可是所有人都假裝看不見。這種現象在很多企業中都會出現，就是大家都知道明明某些環節有問題，可誰都不說、不提，也不去解決，任由問題發展，直至造成不可挽回的損失。

我之前講過一本管理類的書，叫作《認同》，書中就提到一類現象，就是公司裡開會時，很多人都希望有不同意見的人最好不要同時出現在會場裡，因為一旦會上有不同意見的人出現，就可能會發生爭執，拖延會議時間。所以，大家都想盡辦法回避問題，似乎這樣才能讓工作進行得更順利。

其實這是不對的。既然有不同意見，說明大家對某件事沒有達成共識，那就要趕緊想辦法解決問題，達成共識。如果問題在會議上暴露出來，大家的爭執會讓這件事更容易達成真正的認同，否則一直掩蓋這件事，很可能會後患無窮。

三星Note7手機自二〇一六年上市後，出現了上百起電池爆炸事故，讓三星集團頻繁地陷入輿論危機中。然而在此次事件中，總裁李在鎔卻是整個三星集團中最後一個知道消息的人，這讓很多人感到無法理解。

原來，三星集團的中級領導層在向高層匯報工作時，經常報喜不報憂，出現問題也是能壓則壓，能不說就不說，或者讓基層員工立刻進行公關處理，讓高層認為一切業務都在正常運轉。結果當李在鎔知道這件事時，事態已經變得相當棘手，對公司的品牌形象造成了嚴重的負面影響。

一個人也好，一個企業也好，最怕的不是犯錯，而是不敢面對自己的錯誤，面對錯誤時也是選擇逃避，「顧左右而言他」，這是很可怕的。而且還有一種可能，一些人就像案例中的李在鎔一樣，根本不知道這件事。如果你能珍惜開會時問題暴露出來的機會，和大家共同探討，就會更容易形成共識，把問題徹底解決掉。

古之君子，其過也如日月之食，民皆見之；及其更也，民皆仰之。今之君子，豈徒順之？又從為之辭。

——《孟子．公孫丑下》

以確定性應對不確定性

我們常說，不確定性才是生活的常態。但在現實生活中，很少有人喜歡不確定性，大家都喜歡確定的、可預測的事情發生在自己身上。我記得我剛進入中央電視臺工作時，工資不高，又要還房貸，感覺經濟壓力很大，特別害怕失業，那時我就想，要是有人願意每個月給我兩萬元工資，我把一輩子簽給他都可以。我相信，現在仍然有很多人抱著我當初的這種想法。

但是，現在我再回顧自己當初的這個想法，覺得這是一件非常可怕的事。因為生活一旦確定下來，人生就沒有任何突破了。而人生中所有的精采和輝煌，恰恰就來自不確定性。

莊子曾經說過，人要學會與不確定性共舞。你要想做個聰明人，就要學會保持不確定性。而大多數人每天擔憂的，就是怎樣讓所有的事情都確定下來，希望一切事物都按照自己的想法，按部就班地一個個落實，結果一輩子渾渾噩噩，沒有什麼作為。

在《反脆弱》這本書中，有一個「布里丹之驢」的案例，它是十四世紀法國哲學家布里丹所做的一個實驗。內容是說，有一頭完全理性的驢子，恰好處於兩堆等質等量的乾草堆中間，但是牠不知道該選哪一堆乾草，最後餓死了。其實當時如果有人推這頭驢一把，無論把牠推向哪一邊，牠都可以活下來。雖然兩邊都有不確定性，可能還具有一定的風險，但這種風險也可能會為你帶來巨大的生機和轉變。

《孟子》中就記載了這樣一件事，齊國伐燕，占領了燕國，但齊國並沒有為燕國主持公道、維持秩序，而是掠奪了燕國的財富，還想徹底吞併燕國。孟子勸齊宣王不要這樣做，齊宣王不聽，結果燕國百姓揭竿而起，反抗齊國，齊宣王這才被迫退兵。

這時，齊宣王才想起孟子的話，感覺很慚愧，不好意思再見孟子了。齊國大夫陳賈見狀，就說：「大王不必自責，周公當初讓管叔監視殷國，結果管叔與殷國聯合叛變了。如果周公知道管叔會叛變，還派他去，最後殺了他，那是不仁；如果周公不知道管叔會叛變，那就是不智。連周公做事都會有不仁不智的時候，何況大王您呢！」

隨後，陳賈又來找孟子解釋，還把對齊宣王說的話又跟孟子說了一遍，意思是連周公都會犯錯，那齊宣王犯這點錯算得了什麼呢？

這時，精采的部分開始了，孟子聽完陳賈的來意後，就說：「管叔與周公是兄弟，弟弟不知哥哥叛變，這合乎情理。再者，古代的君子，有過錯就會改正；今天的人呢，有過錯卻將錯就錯。古代君子犯錯後，大家都看得清清楚楚，當他改正時，也能萬眾仰望；今天的人呢，不僅將錯就錯，還弄出一堆道理來為自己狡辯！」

孟子認為，齊宣王犯了錯就應該及時改正，結果齊宣王不但沒有大膽承認，積極改正，反而強詞奪理，文過飾非，這才是最不應該的。

實際上，不管是我們自己做事，還是管理公司，甚至是治理國家，犯錯都是不可避免的。犯錯不可怕，你只要承認錯誤，從中吸取教訓，下次改正，那就沒什麼問題。陳賈找藉口為齊宣王狡辯，這才是在害齊宣王，也是孟子最討厭的行為。

我們如果仔細分析一下，就會發現陳賈的邏輯只對了一半，那就是人皆有過，連周公這樣的人都犯錯，犯錯也沒什麼不應該呀！但接下來的邏輯就錯了，你不能說因為周公會犯錯，所以齊宣王犯點錯也沒什麼了不起。我們很多人都容易陷入這個邏輯陷阱，就是覺得那些智者賢人都會犯錯，我犯點錯算得了什麼？殊不知，犯錯不是關鍵，關鍵是你要在犯錯後及時復盤，認真反思和總結，不讓自己再犯同樣的錯誤，這才是重點。

遺憾的是，很多人習慣用這套不講理的邏輯來推卸責任，有時也容易讓人陷入坑中。這就要說到不確定性了，因為所有人在做事時都會面臨不確定性，周公派管叔監視殷國和齊國伐燕，也會有大量的不確定性。然而，所有的不確定性都只有在事情發生之後才能知道結果，不做事的人是不會面臨不確定性的，或者說，不做事的人只有在事情發生後，才會站在上帝視角來挑毛病，認為你知道了還去做，就是不仁；不知道就是笨，缺乏智慧。所以，一個不做事的人想要挑做事人的毛病，那會百分之百找到毛病。

說到這兒，大家也就能理解，為什麼現在社會上有那麼多藏在螢幕背後的「鍵盤俠」了，因為鍵盤俠永遠不犯錯，他們總會用一套非常完美的邏輯來「證明」你做什麼都是錯的。但反過來說，歷史恰恰就是被這些要麼「不仁」、要麼「不智」的人推動著前進的，既然任何事情都有不確定性，誰也不知道能不能做好這件事，那為什麼不去嘗試一下呢？如果錯了，就承擔責任，面對失敗，積極改正；如果對了，那就是圓滿的結局。

這也提醒我們，不要把自己禁錮在一個固定的思維當中，想做一件事時就去做，不要有太多的擔憂。曾經有個作者跟我說，擔憂就是在錯誤的地方尋求答案和保護，就好像你覺得自己沒有房子，有個房子就能解決一半問題一樣，那是錯誤的方向。真正正確的方向是讓自己活在當下，積極與周圍的世界保持連接，學會與不確定性共舞。不確定性並不意味著不好，不確定性蘊含著無限可能性。面對這些不確定性，抱怨和逃避都沒用，你唯一能做的就是直面不確定性，做好自己能做的事，以確定性應對不確定性。這一點是可以掌握在我們手中的，並且取決於我們自己的實際行動。就像那句名言說的那樣，既然選擇了遠方，便只顧風雨兼程，莫怕它山高水遠，只管向前，無問西東。

不揣其本而齊其末，方寸之木可使高於岑樓。

——《孟子．告子下》

用比較思維理解事物的發展規律

哲學觀點認為：事物總是相比較而存在、相制約而發展的。物質和運動在時間和空間上的相對性是普遍規律。任何事物如果都和自身同一，沒有了差別，也就沒有了發展。而比較思維就是人對事物認識的相對性在思維方式上的反映。

比較這件事可能是整個人生中都難以避免的問題。從小時候開始，父母就會將你與別人互相比較，而得出的結論好像總是別人家的孩子好。而在步入社會、開始工作之後，我們自己也會將自己與他人比較，得出的結論並不相同，有人認為自己和別人比能力不足，導致缺乏自信；而有些人則認為自己明明比他人優秀但卻總是得不到賞識。

但很多時候，大家的比較方式都不正確。大部分人對於比較這種事情都過於看重表現，而不願意追尋其原因。就像孟子曾經說的一樣，「不揣其本而齊其末，方寸之木可使高於岑樓」。意思是如果不度量事物的根本，而只比較它的頂端，那一塊放在最高處的一寸大小的木塊，也會讓它看起來高於尖角高樓。

孟子的觀點放在當今給予一個科學的解釋是，通過比較，對複雜而客觀的現象進行分類，尋找其共性和差異性，區別出每個事物本質的規律；又通過比較，尋找各類規律之間的聯繫；再把這些規律進行歸納或演繹，最終求得對事物本質的認識。

比較的結果其實並不重要，重要的是其中的過程。當大家忽略了比較本身呈現出的最重要的根本原因，而是只去求得沒有任何意義的結果，那這種比較也就完全沒有了意義。

比較是一柄雙刃劍。缺乏理性，只看結果的比較只會助長自身的戾氣，讓人產生各種負面情緒。而合理的比較卻可以使人進步，讓人主動吸取他人的優點，改正自己的不足。而究竟什麼才算是理性的比較？我就用「鄒忌諷齊王納諫」這個故事來說明一下。

齊國國相鄒忌身高八尺，而且身材挺拔、容貌俊美。有一天早晨他對他的妻子說：「我與城北的徐公（齊國美男子）相比，誰更美麗呢？」他的妻子說：「您更美，徐公怎麼能比得上您呢！」鄒忌不相信自己會比徐公美麗，於是又去問他的小妾，說道：「我和徐公相比，誰更美麗？」妾說：「徐公怎麼能比得上您呢？」第二天，有客人來拜訪，鄒忌向客人問道：「我和徐公相比，您認為誰更美麗？」客人說：「徐公不如您美麗。」後來徐公前來拜訪，鄒忌仔細地端詳他，自己覺得不如他美麗；再照著鏡子看看自己，更覺得遠遠比不上人家。但鄒忌並未因此而沮喪，而是在晚上想這件事，最終明白了一個道理：「我的妻子認為我美，是偏愛我；我的小妾認為我美，是懼怕我；客人認為我美，是有求於我。」

於是，鄒忌上朝拜見齊威王。說：「我確實知道自己不如徐公美麗。可是我的妻子偏愛我，我的妾懼怕我，我的客人對我有所求，他們都認為我比徐公美麗。如今的齊國，土地方圓千里，百座城池，大王宮中的姬妾和身邊的近臣，沒有不偏愛您的；朝廷中的大臣，沒有不懼怕大王的；國內的百姓，沒有不對大王有所求的：由此看來，大王受蒙蔽一定很厲害了。」

齊威王認為鄒忌此話很有道理，於是下令所有的大臣百姓都可以上書勸諫，如果有道理的話就會給勸諫之人獎賞。這一做法使得齊國招攬了眾多人才，並因此更加強大。

在自身與徐公的比較中，鄒忌並沒有因為妻子等人的誇讚而自滿，也沒有因不如徐公好看而感到自卑，而是從中找尋道理，完善自身的品德修養，更是從這件事中領悟到了治國安邦的計策，這就是理性的比較。

由此大家可以看到，與他人比較並非只是需要得出一個結果，而是要探究其中的原因。父母比較孩子不是為了嘲諷自己的孩子，而是要自己反思一下，為什麼自己的孩子沒有別人家的孩子優秀，是環境的原因還是父母自身的原因。

自認為沒有別人優秀的話，那就更不能自我封閉、止步不前，而應在比較中看到對方究竟是哪些方面比你優秀，從而彌補自身的不足，這樣做才是比較的真正意義所在。

一個人懂得理性地比較後，他就能減少自身的負面情緒。從事物本身出發，追尋事物的根本，從中吸取更多的知識，不斷完善自身，使自己更加強大。

第六章

善念的奇蹟

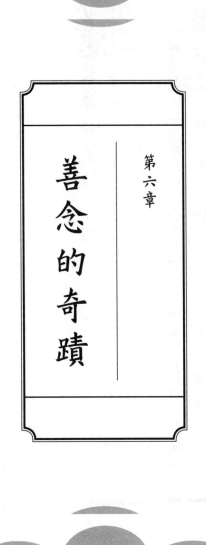

君子之於禽獸也，見其生，不忍見其死；聞其聲，不忍食其肉。是以君子遠庖廚也。

——《孟子・梁惠王上》

善念來源於惻隱之心

孟子曾說：「惻隱之心，人皆有之。」人生來就有惻隱之心，悲憫、同情他人是人的一種自然情感。比如，當看到一個孩童摔倒受傷，我們立刻就會產生緊張、擔憂、憐憫、同情等心理，哪怕這個孩子與我們素不相識，我們也會不知不覺地生出這種心理。

孟子在見到齊宣王後，為了讓齊宣王接受自己宣揚的「仁政」，便不斷地激發齊宣王的惻隱之心。說起齊宣王這個人，很多人都不陌生，在一些文學作品中，他經常被描寫為一個愚蠢荒誕的人，但真實的齊宣王其實是個很有為的國君。在他統治期間，齊國的稷下學宮辦得很好，甚至被認為是世界上最早的官辦高等學府，中國學術思想史上最蔚為壯觀的「百家爭鳴」，就是以齊國的稷下學宮為中心的。

孟子與齊宣王對話時，討論的是關於如何實現「王天下」的問題。這裡有個有趣的故事，說有一次齊宣王在大殿門口看到有人牽著一頭牛走過，就問這個人要把牛牽到哪裡。牽牛人回答說，要把牛牽去殺掉「釁鐘」，就是把牛殺掉後，將牛血噴在新鑄好的大鐘上，用以祭祀。齊宣王看到牛顫抖恐懼的樣子，頓生惻隱之心，說你看牠也沒犯什麼罪，就要被殺掉，太可憐了！你別殺牠了，去換頭羊來殺吧！

孟子知道這件事後，就告訴齊宣王，他有這份仁慈之心，就足以「王天下」了。

我們現在看這件事可能覺得很可笑，不忍心殺牛，卻允許殺羊，這算什麼仁慈之心？

而孟子對此的解釋是「見牛而未見羊也」，因為你看到了牛而沒看到羊，「君子之於禽獸也，見其生，不忍見其死；聞其聲，不忍食其肉。是以君子遠庖廚也」。看到活的牛之後，你就不忍心讓牠死了，就像我們聽到禽獸的聲音後，就不忍心再吃牠的肉了，所以「君子遠庖廚也」。

說到這裡，我們就能理解了，這就像我們自己去餐廳吃飯一樣。我在餐廳吃飯時，最怕的就是餐廳的人用網網著一條魚走過來，說：「這條魚是您的。」然後當面把魚摔死，那感覺簡直太糟糕了！等魚肉端上來，不管色香味如何俱全，一想到魚被摔死的場面，都不忍心下筷了。

孟子本就主張「人性本善」，認為每個人的內心都是有善根的，都埋藏著善良的品性。古時候那些受過教育、德行高的人，吃肉都是很講究的，他們不是不吃肉，但不能看殺生的過程，於是佛教中就有個應對的方法，叫作吃「三淨肉」。什麼是「三淨肉」呢？就是可以吃沒有看見、聽說或懷疑為了自己而被殺死的動物的肉。

孟子告訴齊宣王，只要他能把自己的惻隱之心擴而充之，推行到實際統治中，看到百姓疾苦，與百姓同憂樂，統一天下就會變得舉重若輕。而所謂「仁政」中的「仁」，就是從每個人的善念中來，從惻隱之心中來。如果把這一點善念擴展開來，先是對自己的家人，再對周圍的朋友，進而對天下人的關懷和關心，這種關懷和關心就是「仁」。有了「仁」，就會心正，善性自然就發揮出來了。善性發揮出來，人性就會走向善良，進而通向高明。但正心也好，通向高明也罷，最終都是為了「事天」，也就是要從更高的層面上去理解人生、理解人性。

我曾在書上看到一個小故事，說清代名臣李鴻章有一次外出辦公時，正好路過家鄉合肥，於是就準備去拜訪一下自己的恩師徐子苓。

當李鴻章走到徐府門口時，徐府的僕人見李鴻章身著官服，急忙要進府稟報。這時，李鴻章忽然叫住對方，讓他等一等，然後自己換上一身便裝，才進去拜見老師。

身邊的人很不理解，問李鴻章為什麼要這麼做。李鴻章解釋說：「如果我穿官服去拜見老師，老師就會顧及我當官的身分而產生壓力，心裡也會不自在。而我換上便裝，用尋常樣子去拜見，老師就會感到放鬆，我們在交談時也不會產生隔閡了。」

越是內心純良、具有惻隱之心的人，就越是心懷悲憫，能夠善待周圍的人與物。

可是，既然人性中有善良的一面，為什麼世界上還會有壞人，會有人做壞事呢？

對此，梁漱溟先生解釋得特別好，他說，人性不是一個已成的、呆板的東西。性，非已然、非未然，而是將然，是一個傾向。孟子稱「人性善」，意思是每個人都有向善的傾向，但卻不是人人都能釋放出這種善念。所以，我們也可以把「善」理解為一個動態的東西。

而人的心中也是有惡念的，如果不小心把惡念放大，人就會變壞。我們經常會在電視劇、電影中看到一個詞，叫作「黑化」，一個人一旦「黑化」，就可能做出各種各樣的壞事，甚至是違法犯罪的事。但是，如果能壓制惡念，激發善念，也就是惻隱之心，喚醒那顆善良的種子，人就會變得仁慈、友善。

且比化者，無使土親膚，於人心獨無恔乎？吾聞之也：君子不以天下儉其親。

——《孟子．公孫丑下》

善良的內心勝過外在的虛名

我之前曾經講過一本書，叫作《正念的奇蹟》。這本書原本是一行禪師用越南文寫給朋友的一封長信，它裡面雖然並沒有詳盡的佛理，卻能讓我們在閱讀後懂得什麼是正念，以及如何通過正念讓自己的內心獲得安寧。如果我們能對一些事情保持正念的態度，專注當下所做的事，那麼一切複雜就會變得簡單，不會因為我們沒達到目標、沒有滿足別人的期望而焦慮。

在書中，一行禪師舉了一個例子：

有一次，一行禪師跟一位名叫吉姆的朋友在美國一起旅行。半路上，兩個人坐在樹下分吃一個橘子。吉姆掰下一瓣橘子放到嘴裡，還沒等吃，就又掰下另一瓣準備放在嘴裡。這時，一行禪師說：「你應該把含在嘴裡的那瓣橘子吃了。」吉姆這才驚覺，自己正在吃橘子。

在一行禪師提醒吉姆之前，吉姆就沒有處在正念狀態。而當他專注於吃橘子的每一瓣時，才叫作真正地吃橘子。

後來，吉姆因為參加反戰運動入獄，一行禪師擔心他不能忍受監獄的生活，便給他寫了一封短信：「還記得我們一起分享的那個橘子嗎？你在那裡的生活就像橘子，吃了它，與它合為一體。明天，一切都會過去。」

坐在監獄裡肯定不會舒服，沒有了自由，但換個角度來說，在外面和在監獄裡，「坐」的行為有區別嗎？實際上沒有太大區別。而一行禪師提醒吉姆的就是，在監獄時，想一想當年一起吃的那個橘子，專注你的當下就好。遇到任何問題，都讓自己的身心收斂到體內，你才能獲得內心的安寧，這才是你在監獄裡最該做的事情。

實際上，我們古代儒家的很多思想和做法，其背後的原理都在於內心。比如《論語》中記載，有人問孔子說，為什麼父母去世後要守孝三年？孔子就說，你如果覺得心安的話，可以不用守孝三年。至於為什麼要守孝三年，孔子的解釋是「子生三年，然後免於父母之懷」，就是你從出生後的前三年，都是靠父母抱著的，三年後才離開父母的懷抱獨立行走，父母在這三年無微不至地照顧你。所以父母去世後，子女也該守孝三年。

這其實就有一種「人心上」的意思，因為這樣自己才感覺盡心了，內心才會獲得安寧。

孟子也曾經遇到過這樣的事，孟母去世的時候，孟子為母親做了上等棺槨，安葬了母親。喪事辦完後，孟子的弟子就悄悄問他，他給母親做的棺槨是不是太貴重了？孟子對此的解釋是：如果我們受環境或制度限制，或者因為自己沒錢，不能好好安葬父母，那心裡肯定不安心。但如果沒有環境或制度的限制，自己財力也夠，為什麼不能做貴重一點的棺槨，好好安葬父母呢？何況好的棺槨可以保護逝去親人的身體，讓他們不會沾上泥土，我們的內心不是更欣慰嗎？

最後，孟子還用一句很有名的話做了個總結：「吾聞之也：君子不以天下儉其親。」字面意思就是：我聽說呀，在任何情況下，都不應該在父母身上省錢。但是，我對孟子這句話有更進一步的理解，我認為孟子想表達的是：我並不在乎外界怎麼說，比如會說我不懂節儉、鋪張浪費等，我不會為了博得一個好名聲就薄葬母親，在這件事上省錢。

在《孟子》當中，本來就有關於孟子安葬父母規格不同的爭論，即「後喪逾前喪」，說他安葬母親的規格超過了安葬父親的規格，認為他這種行為違背了當時的等級制度要求。實際上，孟子並沒有違背什麼，只是因為自己的社會地位和經濟條件改變了。母親去世時，他已經有了一定的社會地位和經濟基礎，厚葬母親也無可厚非。但當時的人認為，孟子為了留下一個好名聲，對母親也應該薄葬，這樣才能給人留下一個節儉的好印象。畢竟那時的人喜歡通過這些事情來判斷一個人的操守，所以也會出現很多奇奇怪怪的現象，比如《世說新語》中記載，一些人喜歡在親人的葬禮上做出特別誇張的表現，目的就是博得一個好的稱號。

但是，孟子卻不願意這樣做，為了取悅天下，博得一個好名聲，讓自己的母親躺在薄薄的棺材當中，這是他不能接受的。如果他這樣做了，內心也不會感到安寧。

所以你看，不論是孔子還是孟子，他們在一些大是大非的問題面前，通常都更遵從本心本性，專注於當下這件事帶給自己內心的平衡，而不會被外界的環境、欲望或虛名所困擾。只要自己內心寧靜，外界環境如何有什麼關係呢？只要自己問心無愧，別人的議論、指摘又算得了什麼呢？根本不重要！

夫民今而後得反之也，君無尤焉！君行仁政，斯民親其上、死其長矣。
——《孟子．梁惠王下》

愛出者愛返，福往者福來

我們常說：「予人玫瑰，手有餘香。」在很多時候，我們「予人玫瑰」可能並不指望對方報答，就像前兩年有一天，我在京郊的國道上開車時，看到一隻很小的奶狗，正在馬路邊往馬路牙子上爬，爬半天也爬不上去。我看一眼就開車過去了，但走了一段路後，我心裡特別不安，覺得牠可能是被人丟在馬路邊的，如果不管牠，牠很可能會被餓死。

於是，我又掉頭去找那隻小狗，把牠帶回了家。這隻小狗後來被一個朋友收養了，現在正過著幸福的生活。

對於我來說，這是一件很小的事，順手就做了，但對於這隻小狗來說，卻是一件改變牠一生的事。雖然牠並不懂得感激我，也不會報答我，但我現在想起來仍然覺得很溫暖。

其實很多時候，我們做一件好事、善事，真的不只是「手有餘香」，很可能會得到對方的回報。同樣，你做了一件不好的事，也可能真的會得到不好的結果。《孟子．梁惠王下》中記載的一件事，便很能說明這個觀點。

這件事是說，孟子在見鄒國的國君鄒穆公時，鄒穆公向孟子請教了一件事，說鄒國與魯國發生了衝突，鄒國死了三十三個官員，但鄒國的老百姓卻個個袖手旁觀，沒有一個上前幫忙的。我真想把他們都抓回來殺掉，可是殺誰呢？因為老百姓太多了，你不可能因為這件事把所有百姓都殺掉。不殺吧，我又嚥不下這口氣，這該怎麼辦呢？

這個問題其實比較難處理，孟子如果支持鄒穆公，把沒幫忙的百姓抓回來殺掉，顯然有違「仁政」，孟子也不可能這麼幹；如果說不殺，國君心裡不爽。

但是，孟子是個真性情的人，他跟那些國君說話講道從來都不客氣，也不會顧及國君的面子，所以他就直接對鄒穆公說，遇到災年時，老百姓中的青壯年都出去逃難了，老弱病殘者就餓死在山谷河溝裡，可你倉庫中的糧食那麼多，那些官員有人告訴你百姓的疾苦嗎？曾子曰：「戒之戒之，出乎爾者，反乎爾者也。」曾子都說了：「警惕呀，你怎麼對待別人，別人就會怎麼對待你！」

這裡就產生了一個成語「出爾反爾」，我們今天的解釋是說一個人的言行反覆無常，自相矛盾，但它的本義並不是這樣的，而是說你做出來的事，終將返回到你身上。你對百姓好，把百姓放在心上，真心關心百姓，那百姓肯定也會記著你的好，會報答你；反之，就別指望百姓能善待你了，所以你那三十三個官員死得一點都不冤。

不光是國君要善待臣子、百姓，我們對待生活中的每個人都應該這樣，不管是朋友還是自己的員工，想讓別人對你好，願意跟著你一心一意地工作，至少你應該學會善待對方，否則對方就沒有理由好好對待你。

摩托羅拉公司的總裁保羅・高爾文，每次看到有員工生病時，都會非常關切地問：「要不要緊？如果需要醫生，我可以給你推薦。」一位大名鼎鼎的公司總裁，可以這樣真摯地向員工表達關心和愛護，自然也收穫了員工的好評。所以在行業中，高爾文極有口碑，許多高薪請不到的專家都願意到摩托羅拉公司就職，很多員工在摩托羅拉一幹就是好多年。

我們與孩子的關係也是如此。我經常看到一些父母在跟自己孩子說話時，簡直就是呼來喝去、諷刺挖苦，甚至是大聲責罵，那個態度簡直沒法直視，似乎這樣對孩子就是天經地義的。可是你不知道，你在孩子小的時候怎麼對待他，他長大後就會怎麼對待你。尤其在孩子青春期後，你會「收穫」到孩子一個非常慘痛的叛逆期。這就是「出爾反爾」的道理，也是我們常說的「種瓜得瓜，種豆得豆」。

孟子曾說：「愛人者人恆愛之，敬人者人恆敬之。」你學會愛別人，才能得到別人的愛；你學會尊敬別人，才能得到別人的尊敬。希望我們每個人都能在自己的人生路上學會愛人、敬人，善待他人，這樣我們才能收穫人生更多的美好。

萬物皆備於我矣。反身而誠，樂莫大焉。強恕而行，求仁莫近焉。

——《孟子・盡心上》

做事不在於好壞，在於境界

我跟很多朋友都推薦過《掃除道》這本書，樊登讀書還曾經組織過「掃除道體驗訓練營」活動，讓參與者真正去體會「掃除道」的魅力，分享掃除後的感受。我記得組織活動的小夥伴後來跟我說，大家一起分享完《掃除道》這本書，便準備開始進行掃除體驗。當組織活動的老師把那塊蓋著打掃工具的布揭開後，大家發現各種各樣的打掃工具乾乾淨淨整整齊齊地擺在裡面，參與者當中立刻就有人流淚了，說：我一輩子都沒想過打掃還能發明這麼多的工具，也沒見過有人像《掃除道》的作者那樣，把打掃廁所這件事做得那麼認真、那麼極致！

說起打掃廁所，我想沒有幾個人喜歡幹，但是，恰恰有的人在做這些事情時會由衷地感到開心和快樂。這就給了我一個啟發，如果我們每天都能全心全意地做每件事，並認認真真地去體會這件事帶來的感受，那麼我們就更容易獲得發自內心的快樂和滿足，這種狀態就像米哈里·契克森米哈伊所說的「心流」一樣。也就是說，你找到了自己的心流狀態。

這與孟子所說的「反身而誠，樂莫大焉」應該是一樣的。之所以如此，是因為「萬物皆備於我矣」，這個世界上所有我需要的東西都齊備了。如果是我沒有的，那我就從自己身上來尋找，在自己身上發力，認認真真做好每件事，反躬自問，誠實無欺，這就是最大的快樂呀！

不過，現實中能做到這樣的人太少了。我們更常見的，是很多人每天辛苦，甚至是痛苦地工作著。就比如以前公車上的售票員，我想坐過公車的人應該都注意過，售票員的態度有時很不好，對著乘客大吼大叫。其實我很同情這些售票員，他們之所以這樣，是因為他們不喜歡自己的工作，覺得這份工作又煩又累。而這樣的狀態，讓他們很多時候都是在不快樂中度過的。

但是，如果能做到「反身而誠，樂莫大焉」，那就算是每天在公車上搖搖晃晃地檢票售票，疏導乘客，也依然是快樂的。因為你能享受這個過程，能看到每一個被你幫助的人露出的笑臉和對你的感謝，也能從中體會到自己的價值，讓內心收穫滿滿，讓人生大部分時間都豐富、愉快而充實。具備這種心態，人生還有什麼不快樂的呢？

所以，做事不在於好壞，而在於你做事的境界。「強恕而行，求仁莫近焉。」你盡力按照恕道做事，推己及人，就是最快捷地接近仁德的方法了。

我去年給大家講過一本書，名叫《心態》。當時這本書還沒有正式出版，我拿到樣書後，就迫不及待地跟大家分享了。這本書中講到，人類通常有四組非常重要的心態，兩兩對應，其中有一組為內向型心態和外向型心態。當我們在馬路邊看到一個乞討者時，擁有這兩種不同心態的人，表現出來的做法也是完全不同的。一部分人很理性，他們對乞討者的第一反應，可能就是認為這種人不應該幫，他有手有腳，自己不努力，不去工作，卻在馬路邊乞討，我為什麼要幫他呢？而另一部分人可能認為，這個乞討者一定是遇到了困難，一定已經盡力了，實在沒辦法才不得不沿街乞討的，所以還是幫幫他吧！

你可能會說：如果這個乞討者是個騙子怎麼辦？

實際上，這個人是不是騙子並不重要，重要的是，當我們去考察以上兩類人時，你會發現，第一類人雖然很理性，但人際關係並不太好；而第二類人雖然感性，可能會犯錯，也會被騙子騙，但他們的人際關係卻很好。

為什麼會這樣？

如果我們「強恕而行」，推己及人，反過來思考一下，你是願意與一個鐵石心腸、整天板著臉說你應該自力更生的人交朋友，還是願意跟一個內心善良、寬容，甚至稍微有些天真的人交朋友？

我相信，很多人都希望身邊的朋友是溫柔敦厚之人，而不是冷漠、鐵石心腸的人。所以有的人雖然看起來好像受騙了，見到乞討者就願意給幾塊錢，其實自己並沒有吃太大的虧，他的人生反倒更容易幸福。

以上兩類人中，第一類人擁有的就是內向型心態，他們始終認為自己是最有價值的，我只對自己好，別人跟我沒關係，我也不在乎，所以他們不懂得推己及人，考慮別人的感受；第二類人擁有的就是外向型心態，這種心態的最大特點，就是古人所講的「民胞物與」，能夠愛人及一切物類，能夠把所有人都看成是自己一樣來對待，「老吾老，以及人之老；幼吾幼，以及人之幼」。很顯然，外向型心態的人更容易達到快樂的境界。

《大亨小傳》開篇就是一段父親對兒子的忠告：「每當你覺得想要批評什麼人的時候，你要切記，這個世界上的人並非都具有你秉有的條件。」就像那些乞討者，你覺得他應該去努力工作賺錢，養活自己，但也許他的人生經歷與我們想像的真的不一樣，我們不應該用自己的標準去評判他對或不對、應該怎麼做，而是思考「我能做些什麼」、「我能幫他做些什麼」，這才是我們應該達到的境界。如果我們能這樣想問題，內心就會變得更包容，也更能夠理解和接受其他人。這時，我們周圍的環境和人也會慢慢變得更好。

人之所以異於禽獸者幾希，庶民去之，君子存之。舜明於庶物，察於人倫，由仁義行，非行仁義也。

——《孟子．離婁下》

只有心存仁義，方能無往不利

德國著名哲學家黑格爾認為，動物只有對世界的感覺，沒有意識，更不會像人類那樣擁有思想。人作為認識主體，只有在意識到自己的存在時才稱得上活著。儘管流派不同，但哲學家們在人與動物的區別上，見地和論斷可謂殊途同歸——人類區別於動物的根本在於思想帶來的行動。前幾年有一部電影叫《烈日灼心》，有一句臺詞令人印象深刻——人是神性與動物性的結合。

而我認為，論及概括性和認識深度，他們的理論都沒有我國古代先賢來得那麼通透、簡潔、洗練。孟子早在兩千多年前就深知這個奧秘，而他居然只用了一個字就把人和動物的區別說得明明白白，這個字就是「仁」。他認為人與動物本身並沒有太大的差別，不同之處在於人比其他動物多了一顆仁義之心，因此，這個「仁」，是劃分人與動物的重要依據。

「庶民去之，君子存之。」要注意，這裡孟子並不是在闡述差異，而是在介紹趨勢。就「仁義」而言，一般的人放棄了它，君子保存了它，導致人和人之間的差別隨著時間的推移而日益加大。這句話是非常有深意的，它呼應的是「人之所以異於禽獸者幾希」中的「幾希」，這種差異不光存在於人與動物之間。在人與人之間，一開始各方面的差異是很小的，是因為有些人堅持了正確的是非觀，棄惡揚善，培養了高尚的道德情操與遠大的志向，才形成了與其他人的巨大差別。

接下來，孟子還告訴我們怎樣才能正確地選擇「仁」的道路和怎樣界定「義」的標準。為了便於理解，我們先來看《資治通鑑》裡著名的「穆公亡馬」的故事。

春秋時期，秦穆公丟失了心愛的駿馬，重金懸賞招領無果後，他親自帶人去找，到了山谷裡，發現原來是當地的山民捉住了他的馬，並在那裡將這匹駿馬宰殺，圍在篝火旁分食馬肉。於是秦穆公的官員和軍隊打算按照律法對這些山民進行處置，這些山民面對即將到來的嚴厲懲罰顯得非常驚恐，而秦穆公卻說道：「君子不以畜害人。吾聞食馬肉不飲酒者，傷人。」意思是，德才兼備的人是不會因為畜生而殺人的。而後，穆公又說：「我聽聞吃馬肉如果不佐以好酒則會傷身體。」於是讓從人到宮裡取來幾罈好酒，分給山民們喝下後放他們離去。

過了幾年，秦晉兩國爆發了韓原之戰。秦穆公在戰鬥中被晉軍圍困。危在旦夕之際，突然一支隊伍殺入重圍，他們拚死戰鬥，出奇制勝，瞬間扭轉局勢，秦軍一舉反敗為勝。

戰後，秦穆公召見了這支他並不認識的「特種部隊」，問道：「我並不記得曾有恩於你們，何故為了我以死相拚呢？」那些人回答道：「我們就是當年殺了您的駿馬，沒被您責罰，反而被賞賜美酒的那些人啊！我們用這樣的方式，來報答您對我們的恩德。」

你看，秦穆公能成為「春秋五霸」之一，是有他的必然性的。是他出自本心的仁義行，不僅救了自己的命，還幫助他打贏了這場戰爭。這正是因為秦穆公向來心存善念，隨心之所向，是因為「仁義行」，摒棄繁雜冗餘的功利與仇恨之心，才會讓他做起事來游刃有餘，身處險境的時候也會逢凶化吉，最終成就一番豐功偉績。

「由仁義行，非行仁義也。」孟子認為，仁義行，和行仁義，是完完全全的兩回事。因此，是由於仁義在舜帝的本性之中，所以他明「庶物」，察「人倫」。換言之，舜帝因他本人的仁義慈愛，使得他遇到任何事物時，不假思索的第一反應就是仁義，於是就達到了「仁義行」的境界。所以說，秦穆公能在危急關頭逢凶化吉，不是帶有博弈性質的機會成本投資，而是「由仁義行」長期條件反射的結果。

這樣看來，是否能做到「由仁義行」，決定於一個人的內心。其實，真正能做到「仁義行」的，畢竟是少數，我們列舉的例子也都是古今聖賢的事蹟。對芸芸眾生而言，隨著當今社會的節奏越來越快，許多人的心緒也越發浮躁，導致人們往往以利益為第一出發點考慮問題，於是即便做了許多好事，也都或多或少地帶有一些「行仁義」的色彩。

但我個人認為也不必對行仁義大肆批評，畢竟行仁義也是在做仁義之事，是值得鼓勵的。從目標出發，只要不是單純地為了沽名釣譽，而是發自內心地做一些對其他人、對這個社會有益的事情，進而使自己的目標實現得更有意義、更為妥貼，長此以往，也會慢慢地擁有一顆仁義之心。社會上各行各業的領導者們，在具備了一定的條件和能力以後，投身公益事業，積極回饋大眾，回報社會，進而使自身企業的品牌知名度和軟實力得到提升，不也是一種相得益彰而又相輔相成的良性循環嗎？

正如人們常說：「一個人做一件好事可能有自己的目的，但如果他做了一輩子好事，那他不論出於何種目的都是一個好人。」

我知言，我善養吾浩然之氣。

——《孟子・公孫丑上》

一點浩然氣，千里快哉風

我個人很喜歡讀蘇軾的詩詞，他的很多詩詞中都有一種雖然身處逆境，卻仍然保持著曠達、灑脫的人生態度。在蘇軾的諸多詩詞中，有一句我特別喜歡，就是「一點浩然氣，千里快哉風」。它的意思是說，一個人只要具備了至大至剛的浩然之氣，就能超凡脫俗，坦然自適，在任何境遇中都能泰然處之，享受令人感到無限快意的千里雄風。

這句詩中的「浩然氣」其實是個典故，它出自《孟子・公孫丑上》中的一句話，就是孟子說的「我善養吾浩然之氣」。

在孟子看來，如果你內心不想去幹一件事情，你就不用再給自己打氣了，不用逼著自己非要去幹。但是，如果你因為對這件事不清楚、不理解，就輕而易舉地放棄了，那是不行的。因為這樣你就喪失了心志，也就是我們俗話說的「死心了」。

我們在生活中也能見到這種人，遇到問題也不解決，聽之任之，當然自己也沒什麼目標，日子得過且過，結果生活過得一團糟，人也沒什麼精氣神。而人要想過得好，做更多的事，實現更多的價值，就必須要有心志或志向。有了這些，才會促使你產生意氣，讓你時刻都充滿活力、充滿幹勁，你才願意做更多的事，並且把事情做好。

但是，也有一種特殊的情況，就是有些人雖然有意氣，但卻把握不好自己的心志，不知道自己該幹什麼，或者濫用自己的意氣。最典型的例子就是那些搞傳銷的人，你看他們經常搞一些打雞血式的所謂「培訓」，大聲喊口號、拍手，看起來意氣高漲，但他們的志向是什麼？他們能為自己、為社會解決什麼問題？他們的理想又是什麼？沒有。唯一的念頭就是「發財」，可是想通過這種方式發財顯然又很不現實。

所以，孟子認為「持其志，無暴其氣」，一個人需要堅定自己的思想意志，但也不要濫用意氣情緒。因為意氣和志向是會相互影響的，如果你的意氣情緒鑽到某個東西裡面不能自拔，就像鑽牛角尖一樣，那麼志向就可能會隨之動搖甚至轉移。

比如說那些搞傳銷的人，有的人一開始覺得自己是不可能參與其中的，但一旦你進入其中，看身邊的人天天又是歡呼又是拍手又是展望未來的，自己不由自主地就跟著喊跟著做了。到最後，自己內心也接受了這件事，也願意參與其中了。

這就符合心理學上說的一個重要概念——導入效應。它的意思是說，你的外部行為會影響你的內心。你本來的價值觀不是那樣的，但你天天跟著人家喊，跟著人家一起拍手歡呼，聽人家給你講各種發大財、做大事的課程，慢慢你就被洗腦了，也就接受了對方的觀點和行為。

那孟子是如何對待這種事情，或者說是如何約束自己的行為，不被意氣情緒所左右的呢？就是「我知言，我善養吾浩然之氣」，我能理解別人言辭中表現出來的情志趨向，我善於培養自己擁有浩然之氣。

我曾經跟朋友聊過到底什麼是「浩然之氣」，我覺得這是一種不可言說的東西，但它又是存在的。我之前講過《解惑》這本書，它的作者就提出，當你不知道一個東西是什麼的時候，你就給它命個名，或者用一個代號來代表它。比如說，植物與石頭比起來肯定不一樣，植物比石頭多的東西，我們就把它稱為X，X代表的是生命。動物與植物比起來又是不一樣的，動物有了意識，但意識是沒法具體化的，那就可以用Y代表它。人與動物比起來，又比動物多了自我意識，但自我意識同樣無法具體化，那就用Z表示它。總之，你要知道這種東西是存在的。

浩然之氣就是這樣的一種存在，你看不見它，也摸不到它，但你知道它是一股至大至剛的力量。一個人具有這股「氣」，就能挺起脊梁骨，堂堂正正地做人和做事。喪失了這股氣，人就會像得不到食物一樣疲軟衰竭，壓抑、抑鬱的感覺就會追上來，你幹什麼都覺得沒勁兒、沒意思，也沒意義。

很多人在看《白鹿原》這本書時，就感到不理解，說作者為什麼一直強調裡面的白嘉軒總是把腰桿挺得很直這件事呢？包括後來黑娃做了土匪，回去打白嘉軒，也非要把他的腰桿打斷了不可？原因就是白嘉軒心中可能有那麼一股氣，這股氣讓他一定要挺直腰桿，說什麼做什麼都要顯得理直氣壯。

相反，鹿子霖平時的腰桿就挺不直，跟人說話也沒底氣，因為他暗地裡做了一些放不上檯面的事。「行有不慊於心，則餒矣」，你做的事情讓你感到內心有愧，或者不符合道義，不能坦坦蕩蕩地拿出來說，那你就會覺得氣餒心虛。

這也提醒我們，在現實生活中，我們做人做事都要具有一點浩然之氣，在內心堅持自己的原則，心地坦然。用王陽明的話來說，就是「致良知」。「良知」好比佛教中所說的「本心」，「致良知」也就是要我們遵從本心，做到知行合一，做任何事都不是為了迎合別人、給別人看，或是為了得到別人的讚賞，更不要起心動念地想要獲得什麼利益。在任何境遇之下，保持一點浩然之氣，泰然處之，不必去考慮結果或利益，我們就能隨時領略到「千里快哉風」的快意自適。

孟子謂樂正子曰：「子之從於子敖來，徒餔啜也。我不意子學古之道而以餔啜也。」

——《孟子・離婁上》

多做對社會有價值的事

我想起了一個關於莊子的小故事：

宋國有個叫曹商的人，有一次，他奉宋王的命令出使秦國。出發時，宋王送給他幾輛車。到了秦國後，曹商百般討好秦王，秦王一高興，又賞給他幾百輛車。

曹商帶著這些車子回到宋國後，見到了莊子，就炫耀說：「我不像你，每天住在這窮鄉僻壤，靠辛苦編織幾雙草鞋維持生計，還把自己餓得面黃肌瘦的。你看我，去了趟秦國，見到萬乘之君後，隨行的車子就增加了幾百輛，這才是我的本事。」

莊子對曹商這種小人得志的模樣極為反感，就回答說：「我聽說秦王生病時召了很多醫生，並且還許諾說：能幫他挑破癰疽，排膿生肌的，他就賞一輛車給他；願意為他舔舐痔瘡的，他就賞五輛車給他。治病的部位越往下，得到的賞賜越多。你難道是為秦王舔痔了嗎？不然怎麼得到這麼多的車子呢？你趕快走吧！」

這個小故事很有意思，曹商本來想向莊子炫耀一番，卻不想被莊子狠狠地懟了回去。同時，莊子的言行也展現出了古代讀書人的高貴風骨。面對物欲橫流的現實社會，金錢至上一直都是很多人衡量自己成功的標準。一些人為了榮華富貴，很可能就會像曹商一樣，以自己的人格尊嚴為代價，去換取財富、名利、地位。

孟子也曾經「懟」過自己的一個學生，只不過沒有「懟」這麼狠。孟子有一個名叫樂正子的學生，後來樂正子跟齊國的寵臣王驩走到了一起。王驩是個只會溜鬚拍馬、阿諛奉承的人，孟子很厭惡這樣的人。

所以，當孟子得知樂正子跟王驩結交後，就很不高興，對樂正子說：「子之從於子敖來，徒餔啜也。我不意子學古之道而以餔啜也。」意思是說，你跟王驩那樣的人結交，不過是為了好吃好喝罷了。我沒有想到，你跟隨我學習古人之道那麼久，竟然就為了混口飯吃。

在孟子看來，一個真正的君子，學習古人之道應該以修身為本，胸懷大志，能夠為國家、為百姓做一些有益的事，而不能拿著自己的學識去結交權幸，只為了混口飯吃。

孟子說的這種現象，在今天仍然存在。我相信，現在很多人讀完大學，走上社會，找一份工作，就是為了混口飯吃，很少有人說我讀書、工作是為了給社會做一些貢獻。有些人甚至為了一己之私，還會做一些有害於他人、有害於社會的事，令人不齒。

但是，我們也高興地看到，有些人真的會想著為我們的社會做一些有意義、有價值的事情，比如現在的很多科研人員、各行各業的服務人員、志願者等等。

我們公司有一名技術總監，編程能力特別強，他的經歷很有意思。我平時跟員工交流比較少，有一次團建[5]，我跟他了解技術方面的事，就聊了起來。我就問他，為什麼要來樊登讀書工作呢？

他告訴我說，他以前在一家遊戲公司工作，負責遊戲技術研發工作，薪水很可觀，他對自己的這份工作一直比較滿意。後來，他結婚生子，當了爸爸，開始關注有關孩子成長、教育相關的資訊，結果就發現，很多孩子沉迷遊戲，無法自拔。他突然就想到了自己的孩子，如果有一天，他自己的孩子

5 編註：團隊建設簡稱團建，是各種類型的團隊活動的總稱，用於加強團隊成員間的關係和確定團隊內的角色，團建通常涉及協作任務。它有別於團隊培訓，後者是由業務經理以及人力資源業務夥伴共同設計，團隊培訓旨在提高工作效率，而團隊建設則是著眼於改善和促進人際關係。

也沉迷遊戲，他該怎麼辦？是阻止孩子玩遊戲嗎？那麼孩子會不會問：為什麼你設計了這些遊戲，其他孩子都能玩，我卻不能玩呢？他該怎麼跟孩子解釋？就在那一刻，他決定離開遊戲公司。

後來，他在手機上聽到我講書，覺得我們這個公司很有意思。剛好那時我們公司需要一名技術人員，他就加入我們公司了。其實那時樊登讀書還不是很出名，公司也不能為他提供很高的薪水，但他認為我們做的是一件很有意義、很有價值的事情，他很想參與進來，並表示願意把以前做遊戲的技術拿來為我們做ＡＰＰ。

這件事讓我印象非常深刻。我經常會想，我們在大學讀了四年，很多人讀完大學後可能還會讀研、讀博，所學的這些東西到底是為了什麼？如果僅僅為了混口飯吃，是不是太可惜了？如果我們能把所學的知識、所掌握的技術用來為社會做一些有意義的事，於己於人，是不是更有價值？

我想，這是一個很值得我們每個人思考的問題。如果一個人做什麼都只顧自己的利益，短時間內似乎能得到很多，但從長遠來看，最後往往都是得不償失。這屬於人間大道。在職場中也是一樣，優先選擇有價值的工作，捨棄不重要的工作，這個思路適用於任何人。

樂之實，樂斯二者，樂則生矣，生則惡可已也，惡可已則不知足之蹈之手之舞之。

——《孟子．離婁上》

發現人生真正的快樂

我們應該都聽說過關於舜的傳說，舜從小孝敬父母，雖然母親去世很早，父親娶了後妻，對他很不好，但他仍然對父親和繼母孝順有加，對繼母生的弟弟象照顧關心。後來堯聽說了舜的孝行，就把自己的兩個女兒嫁給舜，以表彰他的孝心。堯年老後，還把自己的帝位禪讓給舜。

舜的言行品質，在後來的一些聖人大儒看來，就是「仁愛」的代表。《孟子》一書在講關於「仁義禮智樂」的內容時，經常會舉舜的例子，並且認為舜雖然被父母、弟弟苛待，但他卻能全身心地孝順父母和仁愛兄弟，毫無怨言，這才是「仁愛」的本質。當一個人能夠一直保持這種「仁愛」之心，並且不斷將其放大後，推己及人，就可以獲得真正的快樂。並且這種快樂一旦生出來，就會綿延不斷，不會休止，以至於在不知不覺間就會「足之蹈之，手之舞之」，簡直就是不亦樂乎！

這也是儒家一直以來所推崇和宣揚的思想，推己及人，由近及遠。不論多大的道理，都要先從自己身上、自己家中發源，繼而推廣到世間的萬事萬物。

這裡有一個點，我認為很值得我們關注，就是到底什麼是真正的快樂？顯然，在孟子看來，真正的快樂就是「生則惡可已也」的快樂，而且這種快樂一旦生發出來，就不會停止。

那麼，哪些快樂又是虛假的呢？

我認為那些一瞬間的快樂就是虛假的快樂。我在講課時，曾經把人的快樂分為三層境界。

第一層境界，戰勝別人的快樂。比如，看到別人的房子小，自己的房子大，就會感到快樂；看到別人的車子不如自己的貴，就會感到快樂……這種就屬於虛假的、低層次的快樂。但是，大多數人的快樂卻恰恰來源於此。

第二層境界，戰勝自己的快樂。就是我們自己在不斷進步，我們不跟別人比，只跟之前的自己比。當我們看到自己越來越好時，就會快樂。這種快樂顯然要比第一層境界高。

第三層境界，無條件的快樂。這種快樂正如孟子所說的「生則惡可已也」的快樂，就是不會因為自己戰勝了誰、獲得了什麼或占有了什麼而快樂，只是因為自己內心充滿了正念，時時刻刻都能夠與當下產生連接而感到快樂。比如，你看到一棵樹、一朵花，能夠仔細觀察它們的樣子，欣賞它們帶給這個世界的美好，感受大自然給予我們的饋贈，繼而由內到外地感到滿足、快樂。這就是一種無條件的快樂。

我推薦大家看一部迪士尼影片，叫作《靈魂急轉彎》。影片中有一個名叫喬伊的人，是一所中學的音樂老師。他這輩子最大的理想就是成為一名頂尖的爵士樂手，以做音樂為生。結果有一天，他出門時不小心掉入下水道裡「死」了，並在黑洞中醒來，成了一個靈魂。醒來之後，他發現周圍還有許多靈魂，他並不想跟這些靈魂在一起，就想返回人間。

這時，靈魂告訴他說，你必須找到亮點才能回去。那什麼才是亮點呢？就是你對地球的熱愛。喬伊就說，我有熱愛呀，我想回去當一名樂手。後來他真的「復活」了，還當上了樂手。可當他當上樂手，體驗到成功帶給自己的巨大喜悅後，卻發現這並不是自己真正想要的。因為他雖然實現了夢想，獲得了成功，但這些成功並沒有給他帶來持續的快樂。

從這時起，喬伊開始重構自己存在的價值和意義，並慢慢發現，快樂其實就是一種能力，你能感受一陣風吹過，並能沉浸其中，就會快樂；你能跟一隻貓咪聊天，沉浸其中，也是快樂；你能與周圍的朋友其樂融融地相處，互相安慰、互相鼓勵，同樣是快樂……只有這些能夠帶來連綿不斷的快樂感受的東西，才是真的快樂，而那些只能讓你一瞬間產生快樂的東西，帶來的只能是虛假的快樂。

你看，快樂就是非常簡單的一件事，但很多人最大的問題，就是懶得去從內在尋找這些真正的快樂，反而去外界環境中尋找快樂，沉迷於各種各樣的物質之中：別人有車，我也要車；別人穿名牌，我也穿名牌；別人去旅遊，我也要去旅遊……最後實現不了的，就會煩惱叢生，讓自己陷入一個錯綜複雜的迷陣裡，永遠都出不來。你如果一直抱著這種心態去尋找快樂，最終也一定會失望。

第七章

成長的方向

大人者，言不必信，行不必果，惟義所在。

——《孟子．離婁下》

思維方式決定人生走向

「言必信，行必果」一直以來都是用來告誡人要講信用的一句至理名言，被世人所推崇。但實際上，這句話是大家對孔子原話的斷章取義，所以絕大多數人對這句話的理解都是有偏差的。

孔子的原話是這樣說的：「言必信，行必果，硜硜然小人哉。」這裡所說的「小人」並不是指無恥小人，而是指那種境界低，沒什麼見識的人，不過也算是有點骨氣和底線。這句話的意思是說，說話一定守信，做事一定有結果，這是淺薄固執的小人啊，或許也可以算是再次一等的士吧。在孔子看來，這樣的人雖然也有骨氣和底線，但還算不上君子。

那什麼樣的人才算得上是君子呢？孟子在孔子的基礎上進行了補充：「大人者，言不必信，行不必果，惟義所在。」大意是說，通達的人說話不一定句句守信，做事也不一定非有結果不可，只要合乎道義就行，這樣的人才稱得上君子。

舉個簡單的例子。比如，你是公司的管理者，年初制定了年度目標，同時要求全體員工必須「言必信，行必果」，年底一定要完成目標。但沒想到，年中時疫情來襲，結果年初定的目標自然很難完成了。這時候，如果你依然要求大家「言必信，行必果」，如果做不到就受懲罰，顯然就不合道義了。

正確的做法應該是，當你發現這個目標受到疫情侵擾而很難完成時，就應該立刻進行調整。也就是說，你如果是孟子所講的「大人」，就應該不怕打臉，轉變思維方式。然後跟員工說明，自己在年初時定的目標沒有考慮疫情等突發因素，所以需要將目標向下調整。這樣做才更容易被大家接受，也更有利於最終目標的達成。

但是，如果你始終放不下面子，不肯對目標進行調整，固執地堅持「言必信，行必果」，那麼，這就等於你只是在急於掌握虛無的確定性。

什麼是虛無的確定性？比如，你跟別人約好一件事，告訴對方這件事絕對不能變，這叫確定性，但卻沒有考慮這件事有沒有可能變得更好、這樣絕對不變會不會傷害到其他人等問題。也就是說，你固守在思維定式上，為了牢牢地抓住這個確定性，希望所有人都跟你一樣「言必信，行必果」，這就是一個虛無的確定性。但是，你卻沒有去想這件事合不合道義，這是一種典型的「小人」做法。

孔子曾說：「我則異於是，無可無不可。」意思是說，這件事按照我說的做也行，不按照我說的做也行。並非孔子沒有主見，而是他覺得事物具有複雜性，我們沒有辦法在短時間內衡量哪個更好，所以要像孟子說的那樣「惟義所在」，只要合適、合宜，就可以隨機應變，見機行事。

由此可見，不同的思維方式將決定不同的人生走向，孔子所講的「小人」，思維剛性，個性固執；而孟子所講的「大人」，思維富有彈性，懂得變通。我之前讀過一本書，書名就叫《彈性》。書中講到，一個人如果缺乏彈性思維，做什麼事都很剛性，撞了南牆也不回頭，那麼人生之路多半會走得很艱難。而且，跟這樣的人合作也會很痛苦，因為他們總會拿「言必信，行必果」作為最高的道德規範，要求自己的同時還強加於別人身上。

當周圍的環境發生了變化，還固執地要求講信用，這與抱柱而死的尾生又有什麼區別？很多時候，我們的痛苦都是固化的認知造成的，如果能夠多一些彈性思維，認知就會變得與眾不同。正如《彈性》一書中指出的那樣，認知的目的不是發現真理，而是找到方案。當你的頭腦中多一些彈性思維，你就會跳出傳統慣性思維或者說擺脫經驗主義的束縛，從全新的視角出發，找出解決問題的方法。

不論是孔子還是孟子，他們所傳導出來的儒家思想一直都是很靈活的。

當然，我並不是建議大家要做一個善變的人，而是希望大家能夠在道義不變的前提下，認識到事物的複雜性，學會用彈性思維去思考事情。

王如好貨，與百姓同之，於王何有？

——《孟子・梁惠王下》

內心富足，生命會變成一部傑作

說起內心富足，很多人的理解可能是淡定、從容、平和等，這些是富足的一部分，還有更重要的一部分，就是對理想的堅持，敢於挑戰自我，去嘗試不一樣的人生。具有這種特質的人，很少會在乎什麼世俗偏見、他人說法，也很少在不同的聲音面前丟失自我，而是堅持對理想的追求，跟隨自己內心的熱情。這樣的人，就算不夠優秀，內心也不會太匱乏。

但有些人剛好相反，你跟他說理想，他會說，理想我有啊，只是我沒有物力、財力去實現；我也想幹點有意義的事兒，可我能力欠缺，我不行呀！

這就是內心匱乏的表現，哪怕自己明明很優秀，心裡也會不斷自我貶低。而之所以如此，心理學家認為主要由兩個因素導致：一個是從小習慣跟人比較，當發現很多人比自己優秀時，內心就會出現不平衡，於是開始不斷降低對自己的評價，甚至對自己的能力產生嚴重的懷疑；另一個則是童年時內在的需求沒有獲得滿足導致的一種自我虧空，比如，父母經常打擊他、否定他，沒能給他恰當的認同，使得他不斷從自己身上找錯誤，也不斷為自己找藉口。

這種對自己過度的不認可，都有可能造成自我價值感的缺失，並且越是如此，就越是不會改變，或者不敢改變，因為怕做錯、怕失敗。如果連行動都沒有，自然也不會有好的結果。

說到這兒，我又想起了孟子與齊宣王的一個小故事。齊宣王繼續向孟子請教治國之道，孟子就給齊宣王講了周文王的治國之策，其核心仍然是「仁政」，比如以己之心推度百姓之心，多關注百姓疾苦，優先照顧鰥寡孤獨者，等等。

齊宣王是什麼態度呢？

齊宣王說：「您說得真是太好了！但是，我這個人有很多毛病，我喜歡錢財，還喜歡美女，我幹不了呀！」孟子繼續鼓勵他說，你喜歡這些沒什麼錯，古代很多賢人都喜歡，但你在滿足自己喜好的同時，還能考慮一點百姓需求，就是在實施仁政了。可齊宣王仍然覺得很難，顧左右而言他，找各種藉口推脫。

從一定程度上來說，齊宣王就是在自我貶低，他不認為自己是能站出來解決問題的人，也不認為自己是一個具有高價值的人，內心認定自己做不到，所以也不敢嘗試。

那麼，怎樣才能停止這種自我貶低，讓自己的內心富足起來呢？

我認為，真正能夠帶來改變的，是提高我們的自尊水平。我建議大家讀一讀奧地利心理學家阿德勒寫的一本書，叫作《自卑與超越》。在這本書中，阿德勒提出，每個人內心都或多或少有一些自卑情結，具體的體現就是，當問題出現時，個體無法適當地適應或者應對，並且堅信自己是沒有辦法解決的，強調自己無能為力。但是，當你能夠超越這種自卑情結，把自卑變成前進的動力後，你的價值就會與整個社會價值融為一體，這時你的內心就會散發出強大的力量。

上面我講的齊宣王的小故事，所蘊含的道理就是對《自卑與超越》最好的詮釋。孟子希望齊宣王能把自我價值和整個社會價值融為一體：你喜歡錢財，就去發展經濟；你喜歡美女，就讓百姓都過上安定的日子，這不是兩全其美的事嗎？

可齊宣王不是一個有勇氣的人，即使已經探討到了實質性問題和解決方法，他也不願做出改變，歸根結柢，還是因為內心有太多的匱乏和恐懼。內在的強大會決定外在的行動，內在的富足也會吸引外在的豐盛，內心匱乏，終將一事無成。

所有看起來明白道理，卻找各種藉口不去行動的人，即使他們有很多想法，但最終所有的想法也只能是個想法，生活不會有任何改變，內心仍然是一片貧瘠。

我們應該明白，在這個世界上，沒有完美的人，每個人都有自己的短板，但這不意味著我們就應該為此自怨自艾，坐在原地抱怨命運不公，抱怨自己運氣不好……重要的是敢於持續地突破生命內在的限制，不斷優化心智，挖掘內在潛能，一點一點地去填補自己匱乏的地方。這樣，才能讓自己強大起來，讓內心豐富起來，也才有可能讓自己的生命從一個普通的劇本變成一部驚豔的傑作。

世子疑吾言乎？夫道一而已矣。

——《孟子．滕文公上》

別人能做到的事，你也能做到

我在生活中經常聽到一些人講：「唉，你有天分，你能成功，我就不行了。」「你條件好，能幹成，我跟你比不了呀！」

這讓我想起了以前講過的一本書《王陽明大傳》中王陽明見婁諒的那段場景。

王陽明在見到婁諒之前，自己一直沒什麼志向，學了很多東西，都半途而廢了。在十八歲的時候，他在江西遇到了大儒婁諒。婁諒告訴他的一句話讓他受益終身，並且也改變了他的命運，這句話就是「聖人必可學而至」。意思是說，你是一個人，孔子也是一個人，孟子也是一個人，這些聖人也都是人，那他們所具備的能力，我們「必可學而至」，通過學習一定也能達到。從這件事之後，王陽明才開始立志超凡入聖。

在這個社會，肯定有些人是有天分的，比如有的人有藝術天分，有的人有體育天分。但如果你認為有天分的人才能成功，那你可能就會錯過很多機會。因為當你說別人有天分的時候，你的內心其實是很放鬆的，你會覺得，人家有天分，我沒有，我就是個普通人，所以我學不會，我不能成功。這時你內心的負擔就會減輕。

但是，人本主義心理學之父阿德勒卻認為，任何人都是可以做得到任何事的。而很多人之所以沒有做到自己期望的事情，只是因為他們不願意去做，缺乏去做的勇氣。

孟子也曾經說過類似的話。在《孟子．滕文公上》中記載了這樣一件事：滕文公還沒有做國君的時候，來拜見孟子，孟子就想給這個年輕人打打氣，讓他明白，別人能做到的事情，他也可以做到。

孟子舉了三個例子，第一個是齊國的勇士成矙。成矙要跟人決鬥，齊景公很擔心，就問你行不行呀？成矙回答說：「他也是人，我也是人，我對他有什麼好怕的呢？」這是在教人立志成人，勇往直前。

第二個例子是顏淵說的話。顏淵是學習聖賢的楷模，他一直以舜為榜樣，認為既然舜和自己都是人，那舜能做到的事情，自己也能做到。這也是勉勵人要善於立志，以聖人為目標來要求自己。

第三個例子是公明儀的話。公明儀是曾子的弟子，也是當時的賢人，他說：「周公經常說文王是他的老師，那我也願意以文王為師來做事！」

你看，這三個例子其實都是在教人立志、有勇氣。成功的人是人，我們也是人，那些成功的人在成功之前，也和我們一樣普通。而他們之所以成功了，是因為他們敢於去做、願意去做。既然如此，他們能做到的，我們為什麼不能做到呢？

我在《讀懂一本書》中講了一些自己的成長經歷。很多人之前都問我，大學時讀的是不是文科專業，其實我是一枚妥妥的理工男，上學時也不愛讀書，認為讀書很苦。我父親是一位數學教授，受他影響，我中學期間很少能讀到與數理化無關的書。考上大學後，我還一度認為以後再也不需要讀書學習了。

但是，當我畢業進入電視臺工作後，我發現了一個嚴重問題。在那裡，我幾乎進入到一種「無知」的狀態，不論是電視臺裡的同事，還是我們接觸的一些學者、嘉賓等，張口就能引用老子、孔子、孟子等古文中大段的原文，一字不差，而我完全跟不上。那時我突然就意識到，自己簡直太無知了！但同時我也意識到，既然他們能做到，我也可以做到，所以從那時起，我又重新拿起書本讀書。

在我創立樊登讀書後，我越來越意識到，我們每個人都不應該妄自菲薄，天生認為自己不是幹某件事的料，結果隨隨便便就選擇了放棄。其實只要敢於嘗試，願意努力，刻意練習，就會像孟子說的那樣，別人能做到的事情，我們同樣能做到。我的一位朋友曾經跟我分享過一句話：「只要大多數人能學會的，你就一定能學會，關鍵在於方法對不對，時間夠不夠，執行力夠不夠。」

當朋友跟我說這句話時，我深以為然。我也認為，想要有所成就，首先要有勇氣，其次少不了刻意練習，哪怕是像我這樣的理工男，讀書、講書技能和能力也都是可以練成的。我甚至還總結了一個成功做事的公式：刻意練習＝時間×積累。做任何事都不要想著一步登天，樊登讀書也不是一天就成功的，我自己讀書，同樣不是一開始就能做到一年讀幾百本的節奏。即使現在樊登讀書的口號是「每年一起讀五十本書」，我也會建議大家讀書時先定個目標，然後一步一步地按照目標實施。即使中間可能會出現讀不下去的情況，也要鼓勵自己堅持。當你的大腦中積累了大量的背景知識後，理解力就會逐漸升高，這樣再去接觸新的東西，你就會發現自己學得越來越快，距離目標也會越來越近了。

自暴者，不可與有言也；自棄者，不可與有為也。

——《孟子・離婁上》

任何時候都不應自暴自棄

我自己特別喜歡一本書，叫作《與成功有約：高效能人士的七個習慣》。我和這本書的故事要從二十年前說起，那是在二〇〇二年前後，我剛到北京沒多久，在中央電視臺做著一些不怎麼重要的節目，內心中一直有種懷才不遇的感覺，還有一點莫名的驕傲。當時有人給我推薦這本書，我一看書名，就有些不屑地說：「怎麼又是成功學的書？」我那時覺得，起這種名字的基本都是成功學的書。

但是，我那時感覺自己真的被生活困住了，做的節目無法成功，生活沒有方向，於是就抱著病急亂投醫的心態打開了這本書。結果，它真的改變了我後面的人生。

在《與成功有約：高效能人士的七個習慣》這本書中，第一個習慣就是積極主動，這也是我最欣賞的一個習慣。它告訴我們，不管在何種境遇下，都不要選擇自暴自棄。我們的人生中有一個影響圈和一個關注圈，其中影響圈在內，關注圈在外。影響圈就是你盡到自己的努力，做自己可以改變的事情；關注圈就是你只能評論，發表意見，甚至只能憤怒、生氣，但改變不了任何事情。而古今中外所有成功人士唯一的共同之處，就是把自己的精力放在了影響圈中，去努力做那些自己能改變的事情。相反，如果你天天焦慮、痛苦、指責、找藉口，卻不肯行動，那就是把自己困在了關注圈，這種狀態就是自暴自棄，於人生毫無益處。

孟子早在幾千年前就曾經誠懇地告誡人們：不管在何時，自己作踐自己，都會使人意志薄弱、喪失鬥志；對前途失去信心，逃避現實，畏懼困難，都不可能有所作為。並且還說：「自暴者，不可與有言也；自棄者，不可與有為也。言非禮義，謂之自暴也；吾身不能居仁由義，謂之自棄也。」面對那些自己傷害自己的人，不要與他們商議事情，因為這種人說話常常會詆毀禮制，以危為安，以災為利；面對自己放棄自己的人，也不要與他們共事，因為這種人不知上進，自甘墮落，甚至會在歪路上越陷越深，大家應該提防。

在孟子看來，語言往往代表了一個人的思想，思想則左右著行動，行動代表著習慣，習慣就決定了一個人的命運。所以孟子認為，經常詆毀禮制、道德，或者經常說自己這也不行、那也不行的人，是不可能成事的，你也別想著跟這樣的人合作共事了。但我們生活中卻經常遇到這樣一些人，你跟他說要多讀書、多學習，他就說我做不到，因為我一拿起書本就犯睏，一學習就打瞌睡，這樣的人就相當於放棄自己了。你也沒辦法跟這種人一起工作，因為他們對自己要求特別低，稍微遇到點困難就無法堅持了。你要是拿成功的案例激勵他一下，他就會說，別人的成功跟我沒關係，我沒辦法，我就是不行。經常說這種話的人，你是拉不動他們的，那唯有遠離了。

真正能成大事的人，一定不會是輕易放棄自己的人，他們往往都有著很高的自尊水平，敢於正視困難，並且會努力去克服困難，這樣自尊、自愛、自強的人，才有可能收穫成功的果實，贏得別人的尊重。

我在中央電視臺工作期間，做了很多節目，但效果都不盡如人意，收視率也不太理想。而我在大學期間，曾經獲得過國際大專辯論賽冠軍，那時簡直是我生命中的高光時刻。從大學時期的高光時刻淪落到工作之後的無人問津，這種鮮明的對比曾一度讓我十分鬱悶。

但是，我又不甘心就這樣墮落下去，我覺得我要拯救自己一下，於是我就抱著一種試一試的心態，開始讀《論語》，想著讀書也許可以改變我的未來。而隨著讀書的深入，我的心態逐漸發生了改變，壓力也得到了紓解。那時我每天想的，就是怎樣努力去提升自己的能力，不斷完善自己。

這段經歷後來讓我懂得了一個道理：真正能給你帶來改變的，能帶領你走出黑暗的，不是別人，而是你自己的自信光明。是你自己拯救自己的那種責任感、動力和能力，你自己內心當中有一個向好的精神，這些才是幫助你走出困境的關鍵因素。

所以，即使是在失敗中、黑暗中，我們都不應該自暴自棄，坐等天上掉餡餅，這是最可恥的，也是最無效的方式。我們應該從自己的內心出發，從內心迸發出一種拯救自己、讓自己過上更好生活的動力、勇氣與責任感。一個人人生成長最有效的方法，就是無論命運把你拋在哪一個點上，你都能就地展開，做自己力所能及的事情。無論在人生的哪一個階段，你都要拚盡全力向上，這樣的人生才會持續不斷地成長和發展。

鑿斯池也，築斯城也，與民守之，效死而民弗去，則是可為也。

——《孟子．梁惠王下》

先讓自己強大，再把事情做好

我記得自己在西安上大學時，一次偶然的機會，我參加了學校的辯論賽。由於剛開始接觸辯論賽，我在上場前緊張得直打哆嗦，生怕自己做不好，被臺下的同學和老師嘲笑。後來經過多次刻苦練習，我的邏輯變得越來越清晰了，嘴皮子也越來越利索了，以我為一辯的辯論隊，還在一九九八年全國大專辯論會和一九九九年國際大專辯論賽中拿到了冠軍。

我說自己的這個經歷並不是為了炫耀什麼，而是想說，在很多時候，我們想把一件事情做好，想要獨立於世，就要不斷提升自己的能力，讓自己變得強大起來。你變得強大了，才能吸引到更多的強者和你並肩戰鬥，走上更大的舞臺。並且在你足夠強大後，你會發現，別人是沒辦法左右你的人生的，這樣你才能成為自己人生和命運的主宰。

我在讀《孟子》的時候，經常會被孟子的一些觀點觸動，比如孟子在跟滕國國君滕文公對話時，就闡述了我上面的觀點。滕國是周朝時的一個小國，地方也就方圓五十里左右，周圍都是大國，如齊國、楚國等。這些國家想要滅掉滕國，簡直就像踩死一隻螞蟻一樣容易。所以滕文公很焦慮，就問孟子，我們這樣一個小國，夾在齊國、楚國這樣的大國之間，該投靠哪個國家比較靠譜呢？

你如果也讀過《孟子》，就會發現，那些缺乏遠見的政治家，看問題時總是只看表面。比如滕文公，他就想聽孟子說哪個國家更有前途，他好去選擇這個國家依靠。但其實關鍵的問題並不在此，就像孟子說的，沒人能告訴你該選哪一邊，不管你選誰，那都是撞大運的事，對錯各半，你也控制不了什麼，相反，還可能會被別人控制。與其如此，為什麼不能靠自己呢？

「鑿斯池也，築斯城也，與民守之，效死而民弗去，則是可為也。」意思是說，你挖好自己的護城河，築好自己的城牆，和老百姓一起守城，萬眾一心，即使有敵人打來，老百姓感念你的恩德，也會誓死守城。這樣上下相依，國家才有希望。

說到這兒，你會發現，像滕文公這樣的人，他所想的都是關注圈的事，就是別人會怎麼影響我；而孟子給的建議則是影響圈的建議，也就是你不要管別人怎麼影響你，你要多關注自己能改變的事情，把更多的精力放在自己身上，讓自己變得強大起來。你不強大，投靠誰都沒用，都可能被對方吞併。只有自己強大了，得到百姓的擁戴，國家才能保住。

大家如果讀過有關曾國藩的書，就會知道曾國藩在打仗時，很善於「結硬寨，打呆仗」。他到一個地方後，先在自己營地周圍修牆挖戰壕，壕溝外還會架上花籬，防止敵人的騎兵攻擊。然後再派人全天二十四小時值班、巡邏，做好全方位的自保準備，接著就是跟對方耗下去，看誰耗過誰。直到把敵人耗得糧草盡無，士氣低落，他再出兵，往往能出奇制勝。

這其實也是一種反求諸己的做法，不要事事都想著靠別人，不是有這樣一個段子嗎：靠山山會倒，靠人人會跑，只有自己最可靠。你自己強大了，走到哪兒都不怕，甚至在一個地方發揮不出才能，換個地方照樣可以。

歷史上有個周太王，就是周文王的祖父，他最初居住在邠這個地方，後來有狄人來侵犯他，他就遷到了岐山。但由於他一向善待百姓，為善積德，老百姓都紛紛跟著他一起來到岐山，重新建城，安定下來，並且一代代傳了下去。

孟子也把這個故事告訴了滕文公，就是希望滕文公明白，只要你實施仁政，做好你自己該做的事情，即使你失去了滕國，換個地方照樣有百姓擁戴你，你也照樣能重新建立起自己的國家。

這個道理在今天同樣適用，很多人遇到問題時，總喜歡問別人該怎麼辦，或者我能不能讓別人幫我解決問題。殊不知，與其為這些事情焦慮，不如換個思路尋找突破點。比如，經常有讀者問我：「樊老師，您倡導讀者每年一起讀五十本書，我也想像您一樣，多讀些書，可是我沒時間啊，怎麼辦？」

如果你真的想做好這件事，你完全可以找到很多方法，比如利用碎片時間讀書，工作之餘、晚上睡前等時間，都可以見縫插針地讀幾頁，養成習慣後，讀書慢慢就會成為像吃飯、睡覺一樣平常的事；你也可以選擇聽書，現在聽書的渠道很多，在做家務、洗漱、鍛鍊時都可以聽。只要有熱情和興趣，就不會存在沒時間的困擾。

總之，我希望大家記住一句話，唯一能給你的生活帶來改變的，就是讓自己具有把事情做好的能力，而不是胡思亂想或怨天尤人，這些都不能解決你的困境。你把自己該做的每件事都做好、做到極致，自然就可以獨立於世。這是一個國家的生存之道，也是一個人的生存之道。

原泉混混，不舍晝夜，盈科而後進，放乎四海。有本者如是，是之取爾。

——《孟子．離婁下》

腳踏實地才能走得更遠

中國古人常說，一個人最凶險的狀態叫作德薄而位尊。意思是說，如果一個人的德行不到位，無法配得上自己過高的地位，那他就會變得非常危險。「位高而德薄，力小而任重，此萬禍之源也。」

我國古代有兩個時間節點恰如其分地解釋了什麼叫德不配位，一個是西晉，司馬懿父子發動高平陵政變奪取曹魏政權，最終開創西晉。看似是世家大族對平民庶族的一次勝利，然而司馬家既沒有名正言順的傳承作為法統的本源，其後代也沒有相應的執政能力來確保政權穩固和民族融合，於是招致了中國歷史上各個領域發展的斷崖式下跌，「八王之亂」讓整個國家分崩離析，而「五胡亂華」更是幾乎招致了華夏文明的覆滅。

第二個時間階段就是宋徽宗時期。宋徽宗趙佶這個人，按郭德綱的話說，哪兒都好，唯獨不適合當皇帝，最終導致了靖康之變。南宋的儒家思想集大成者朱熹曾經痛心疾首地評價了這一時期，他說你看看徽宗那一朝，古往今來，就算一個國家的君主再昏聵，也還能做一兩件對的事，可是徽宗連一件對的事兒都沒做過！

朱熹的話大體意思是這樣的。你要知道，朱熹之於儒學思想，是絕對的集大成者，他在儒學的地位完全不亞於高斯、黎曼、龐加萊等人在自然科學領域的地位。如此偉大的學者，評價北宋末年的時候，絲毫不留情面，宋徽宗其人其言其行，由此可見一斑。

上面兩個例子就是德不配位的真實寫照。其實它映射的道理是，人在什麼狀況下，就應該做適合當時處境的事。應該按部就班、腳踏實地地開展自己的事業，讓自己的德行與地位「名副其實」。

關於這一點，孟子的學生徐辟問了孟子一個關於「水」的問題，令人深思。徐辟的問題大致意思是：「先聖孔子不止一次地稱讚水，他覺得水到底有哪些可取之處呢？」

孟子回答道，水流晝夜不停地灌滿溝渠，進而流入河流，最終匯入大海，凡事都有本源，孔子稱讚水，稱讚的就是這一點。如果事物無本無源，好比七八月份一場大雨，下起來把溝壑全都填滿，但是這樣的雨水又能持續多久呢，溝壑很快就會乾涸。所以，名不副實的事情，作為一個君子是很引以為恥的。

德不配位，就名不副實，名不副實，就不要硬來，否則會出大問題。這是易懂卻又無比深刻的道理。對人而言，實績大過名聲，是好事，但名聲大於實績，絕對是要引以為恥的。這個道理放到現在同樣重要、同樣適用。當今社會，很多人放棄了沉澱自己，急躁而冒進的現象越來越多，急功近利、急於求成。比如當下短視頻的形式非常火爆，有些人就不惜投入大量時間與金錢去學習怎麼做短視頻，怎麼快速加粉等，都希望自己能快一點成名，獲得更高的地位和更多的金錢。也有很多做短視頻的播主，為了能夠得到更多的粉絲，採取了各種各樣的套路。

我在直播的時候就有好多觀眾建議我說，樊老師你要和大家多多互動，比如你要稱呼你的觀眾「老鐵」或者「寶寶」。我就很費解，為什麼我要將觀眾朋友喊成「寶寶」「老鐵」呢？這有什麼意義嗎？

後來我才知道，原來這是現在做直播和短視頻的一種模式，就是你用一些比較親熱的稱呼去稱呼你的觀眾，觀眾就會進入一種情感式的催眠狀態，他會認為你在乎他，你聽他的話。這時你再誘導觀眾進行打賞，他們就會願意花錢做這種事，這是一種快速討好觀眾，並獲得粉絲和禮物的套路。而我不喜歡做這件事，所以我們直播間現在禁止打賞。

很難想像，我要是選擇了那樣的一條路，我們的事業最終會是一種怎樣的歸宿。

我認為一個人要先做好自己該做的事，才會有更好的發展。比如我現在該做的事情就是給大家推薦幾本好書，大家看了書以後能從中獲取到知識，變得更優秀，能起到好的作用，那我的內心就已經滿足了。

推薦好書這件事情，我已經堅持了很多年。擁有本源的水才能夠源遠流長，永不枯竭。當你的知識足夠豐富，道德水平日漸提高，那我們就會成為有源之人，就會像有源之水一樣，取之不竭，擁有更長遠的未來。而不是像現在的網紅一樣，碰到一場流量的紅利突然爆火一段時間，然後迅速降溫，幾天不到大家就完全忘了這個人的存在。原因就是他們根本沒有真才實學，看著好像盈滿，實則是無源之水。等觀眾們看膩了，他們這池雨水也就乾涸了。

在歷史上，在各個領域，我們所熟知的一個個星光璀璨的名字，從來都是一些注重本分，回歸本源，修身修德，養深而蓄厚的人。所以說，要做有源之水，而不要做無本之雨。正所謂「君子務本，本立而道生」，一定要腳踏實地地將一件事情做好，讓它成為自己的本源，那才能獲得真正的成功。

西子蒙不潔，則人皆掩鼻而過之；雖有惡人，齊戒沐浴則可以祀上帝。

——《孟子．離婁下》

世上總有人比你天賦高，還比你努力

在生活中，你會發現一個很普遍的現象，有人工作學習上手很快，通俗地講叫作「一點就透」，而且像海綿一樣快速地吸收著知識養分，這樣的人，往往被認為是有天賦。而那些學什麼都要學好幾遍的人，通常被認為是天賦差的表現。但事實真的是這樣嗎？

舉一個最簡單的例子，如果你中學畢業了幾年甚至十幾年，再讓你背誦賈誼的《過秦論》，你可能幾乎忘乾淨了，但是如果你六歲學會了騎自行車，你到六十歲也不會忘記自行車該怎麼騎。

絕大多數人的大腦記憶，遠沒有肌肉記憶來得那麼深刻。騎自行車就是肌肉記憶，通過不斷摔打，形成條件反射，讓肌肉的每一根神經知道在騎自行車的過程中應該做出什麼反應，進而完成哪些動作。這種刀刻斧鑿般的記憶訓練，被人們概括歸納為兩個字——努力。

你也曾努力地背誦過那些詩歌，而一旦它們不需要再應付考試而顯得不那麼重要的時候，大腦會快速地淡忘它們。因此，要讓大腦的記憶變得像肌肉的記憶一樣強，同樣需要那種「刀刻斧鑿」般的努力，這要比肌肉記憶更加複雜和漫長。遺憾的是，越來越多的人為了逃避這種努力，給很多事情強加了一個「偽命題」般的概念——天賦。

關於努力與天賦之間的相互轉化，孟子的話帶有十分明顯的哲學色彩，他用淺顯易懂的兩分法，從人的外表「美麗與醜陋」的角度給了我們這樣的啟示：人的美與醜，進而到善與惡，在一定條件下是可以互相轉化的。即便是美豔動人的西施，如果身上沾染了難聞的汙垢，別人也會掩鼻而過。而一個醜陋的人，如果能堅持每天齋戒沐浴，保持一顆真誠的心，久而久之他也具備了祭祀天神的資格。

我曾講過的一本揭露天賦秘密的書，書名叫《刻意練習》，是著名心理學家安德斯．艾瑞克森經過十幾年的研究做出的總結。他得出的結論是：「世界上根本沒有天分這種事情，像莫札特和帕格尼尼這種被全世界公認為天才的著名音樂家，也並沒有所謂的天分，所有的才華都是通過後天不斷的刻意練習做到的。」

NBA名人堂級別球星雷．艾倫是籃球歷史上最偉大的神射手之一，他以賽場上的沉著冷靜和精準無比的遠程投射聞名。然而雷．艾倫在高中時代的投籃能力其實很平庸，在同時期的隊友裡他的表現並不突出。但雷．艾倫從沒向命運低頭，經年日久的苦練，讓他的投籃變得精準而優美，讓所有對手聞風喪膽。精湛的球技和良好的體育道德也讓他贏得了「君子劍」的美名。其籃球生涯取得的輝煌成就讓媒體標榜他就是天生的三分神射手。然而他在自己的退役儀式上卻說道：「我從來不相信什麼天分，我只是利用了真正的天分——努力。」

如果我們把目光聚焦到體育界，類似這種天賦與努力相互轉化的實例比比皆是。

巴西足球運動員帕托因其出色的控球技術和靈動的快速突破，年紀輕輕便取得歐洲豪門俱樂部AC米蘭隊的垂青，這位天賦異稟的少年十七歲便開啟自己的職業生涯，翌年便以兩千兩百萬歐元的天價轉會費登陸亞平寧。帕托很快成為冉冉上升的足壇新星，「天賦異稟」、「巴西金童」等讚美之詞紛至沓來。然而成名之後的帕托沒有對自己的「天賦」善加利用，極差的自律性讓他頻繁缺席訓練，他頻繁混跡夜場，在酒精的麻醉下肆意揮霍青春，導致狀態嚴重下滑。此後的他迅速遭到豪門球隊棄用，在輾轉了多家俱樂部後，二〇一八年，年僅二十九歲的帕托落選俄羅斯世界杯巴西國家隊大名單，一代天之驕子，迅速隕落，泯然眾人。

用兩分法來解釋努力與天賦的關係簡直再合適不過了。上面的事例也恰恰說明了其中的關係。努力才是我們的天賦，通過努力，我們可以像雷・艾倫一樣，獲得如同天賦一般的能力。而拒絕努力，盲目地仰仗自己所謂的天賦，也會付出痛苦的代價。除此之外，對於努力這件事，什麼時間都不晚，什麼狀態都合適——中國女排就給我們做了很好的示範。

於不可已而已者，無所不已。於所厚者薄，無所不薄也。其進銳者，其退速。

——《孟子．盡心上》

探求與求知永無止境

曾經有一位老人語重心長地對我說：「我這一輩子最後悔的事，就是在四十歲那年就被評上了大學教授。」

我很不解，現在很多大學的講師、副教授都以盡早評上教授為自己追求的目標，而他為什麼要後悔呢？

他告訴我，以前這也是他的理想，但由於理想過早實現了，評上教授以後就再沒有像以前那樣努力探索過。「在評上教授以前，我有很多學術成果，也寫過很多優秀的文章，但評上教授以後，在別人眼中我的身分地位都提升了，但是只有我自己清楚，我探索的動力正在慢慢消退，現在想起來真的很後悔。」

這個人就是我的父親，他的話使我感觸良多。

人一出生，從睜眼的那一刻起，就開始探索這個世界，一點點地長大，學會了走路，學會了奔跑，學會了複雜的母語。然後就開始了漫長的學生時代。在這個時期，不同的人有了不同的選擇，有的人努力學習，為了將來得到一份好的工作，還有人不努力學習，被社會上的各種誘惑所吸引。這時有些人就放棄了探索，而有些人則將探索塗上了其他顏色。這時，很多人就放棄了一些非常重要的東西。

孟子在如何選擇與放棄的話題上也有深刻的思考，他說：「於不可已而已者，無所不已。於所厚者薄，無所不薄也。其進銳者，其退速。」意思就是說，人的一生中總有一件最重要的事是永遠都不能停下來的，如果我們把不能停的事情停下來，那就沒有什麼事情是你不能放棄的。那我們可以思考一個最簡單的在我們一生中都不能停止的東西，比如呼吸。呼吸這件事我們每時每刻都在做，一天多達幾萬次。假如一個人說我在某一天把呼吸給停了，這就叫作「不可已而已者」。

有人一定會問，如果孟子所說的是呼吸一樣的事，比如吃飯、睡覺，那他說這些有什麼意義，因為這是不言而喻的事情。當然，作為教育家的孟子不會這麼膚淺，在他看來，在人生當中還有一件很重要的事是時刻不能停止的，那就是擇善固執，就是你要不斷地去修養自己的身心，不斷地反省自己的不足，然後改正，使自己不斷進步。這件事是絕對不能停下來的，不管你獲得過多高的榮譽，有多強的能力，賺了多少錢，這件事都不能停止。

如今很多人在社會上打拚，有的為名，有的為利，而且現在隨著網絡行業的不斷豐富，一些聰明的年輕人很早就實現了名利雙收。當然有些人會利用自己的成功使自己逐漸進入到一個良性循環之中，但也有人獲得名利以後就停止了探索，開始享受生活，這樣的人就會漸漸感到自己靈魂深處的空虛。

所以我們永遠都不要停止探索的腳步，孔子曾說「逝者如斯夫，不舍晝夜」。我們會發現，很多名利即使你得到了也並不受你的控制，有時會不經意間從你的身邊流過，只有在不斷探索中學到的東西才不會輕易地流走，比如口才和我們用心得到的知識與技能，這些東西給予我們的快樂是任何人想奪也奪不走的。

取諸人以為善，是與人為善者也。故君子莫大乎與人為善。
——《孟子．公孫丑上》

保持終身成長的習慣

在《愛麗絲夢遊仙境》一書中，紅皇后曾說過這樣一句話：「你只有不停地奔跑，才能維持在原來的位置上。如果你想突破現狀，就要以兩倍於現在的速度去奔跑。」後來這句話還被賦予了一個有點童話色彩的名字——紅皇后效應。

「紅皇后效應」其實說明了兩層意思：一是你要努力保持奔跑的速度；二是你要不斷突破現狀，超越他人。只有這樣，你才能更好地生存。用中國的老話來說，就是逆水行舟，不進則退。

在生活、學習和職場當中，我們每個人都是一樣的，不管身在何地、自己處於何種狀態，不想被淘汰，就要保持向前奔跑的姿態，不斷學習別人的長處，提升自己的能力，讓自己保持終身成長的狀態。

不過，很多人是做不到這一點的。人是一種很自我的動物，喜歡對別人的事妄加揣測，還喜歡表達自己主觀武斷的觀點，喜歡固執己見，做事時經常自以為是。這些毛病幾乎人人都有，為了糾正這些毛病，孔子就提出了人生「四戒」：「毋意，毋必，毋固，毋我。」意思是說，人不應該憑空臆測，不應該絕對肯定一件事，不應該固執己見，也不應該自以為是，否則，就容易對一些事情先入為主，對自己的想法過於執著，看不到別人的優點，更難以做到捨己從人，即使別人的意見更合理，也不願意接受，這樣，你就無法獲得自我成長和自我完善。

在孔子看來，君子最高的境界就是始終向他人的優點看齊。其實不只孔子，古代的先賢大家們都很善於學習他人，完善自己，孟子也是如此。孟子就曾經說過：「取諸人以為善，是與人為善者也。故君子莫大乎與人為善。」意思是說，我們要善於多從別人身上吸收好的東西。這裡有個成語，就是「與人為善」，這個成語在今天的含義是要善意地幫助別人，對別人好一點。但孟子所說的「與人為善」並不是這個意思，而是說看到別人有好的思想、好的做法時，我們要向他看齊，向他學習，不斷學習對方身上好的地方，讓自己變得更好。簡而言之，就是我們能夠減少我執，保持謙虛的心態，讓自己保持不斷學習和成長的狀態。

《終身成長》這本書也提到，世界上只有兩種人，一種是固定型思維的人，這種人總認為自己是對的，看誰都比自己笨，時時刻刻都希望維護自己的面子，覺得自己今天一城一池的得失都非常重要；另一種則是成長型思維的人，他們永遠都走在進步和成長的路上，不怕承認自己的錯誤，也不怕出醜，在他們看來，自己只需要考慮一件事，就是我能不能從中學到東西，我可不可以變得更強，我能不能夠繼續成長。哪怕是承認自己落後也沒關係，因為最重要的一件事情就是成長。

但是，要做一個成長型思維的人並不容易，雖然我們常說要「從善如流」，看到別人的優點，聽別人說得對的，就要虛心接受，可真正能做到的少之又少。有句俗語叫「從善如登，從惡如崩」，一個人想學好、想進步，就像攀登高山一樣難，你要一步一個腳印地向上爬，不但會讓身體疲乏，還可能摔跤。但如果要變壞，要放棄一件事，那就像山上的石頭崩塌一樣，瞬間就落下來了。

我在一次講課過程中，有個女生就問我一個問題，說：「樊老師，我以前在高中時是個學霸，但上大學後慢慢就變得渾渾噩噩了，經常跟大家一起打遊戲，《王者榮耀》、《英雄聯盟》我都會打。但大學畢業後，我發現那些曾經跟我一起打遊戲的人都找到了自己的歸屬和定位，可我卻不知道自己該做什麼。我沒有特別感興趣的事情，也沒有特別喜歡的工作，我父母現在甚至每天給我安排相親，想讓我通過婚姻改變現狀，我不知道這樣對不對？」

這讓我想起了另外一個女孩，她也是大學畢業後，對未來一直缺乏目標和追求，不知道自己該幹啥。後來在朋友慫恿下，她就自己開了個小店，賣梅子，因為她自己很喜歡吃梅子。店開起來後，她發現想把店開好，自己要學的東西太多了，於是就逼著自己學習，結果還真學到了很多管理知識，不但把自己的小店打理得井井有條，現在還開設了十幾家分店。

所以我就建議這位女生，多看看身邊的人都在做什麼，多深入地去學一些東西，有些事情只有深入進去，才能真正找到樂趣，獲得成長。

《活出生命的意義》中就說，當你覺得生活失去方向、沒有目標、喪失意義的時候，抱怨、喝酒、旅行等，未必能解決問題。這時你要認真思考一下，生命的意義到底是什麼。這個世界正處於一種不好的狀態之中，除非我們每個人都能做出更大的努力，否則世界上的每件事都會變得更壞。

它其實就是告訴我們，到最後能夠給我們帶來成就感和長期持續幸福的東西，就是你能夠不斷地進步，找到更多體現你生命意義和價值的東西。為什麼很多時候我們玩遊戲、刷手機，甚至吃喝玩樂都感覺沒意思？原因就是這些除了帶給我們短暫的感官刺激和興奮之外，沒有任何其他意義，也不能給我們帶來任何的成長和成就。

所以，一個人保持終身成長非常重要。其實我們認真思索一下就會發現，我們做對的所有事情背後，一定都具備一個成長型思維；而我們做錯的所有事情背後，也一定會有一個固定型心態。這個世界上的哲學就是這樣：沒有什麼事只有哪些人能夠做到，只要有一個人能做到，全世界的人應該都能做到，剩下的事就是不斷去努力了。善於「與人為善」，善於學習他人的優點和經驗，這也是治癒一切失意、自卑，讓自己變得更加優秀、更加完善最快的方法。

國家圖書館出版品預行編目資料

底氣：掌握《孟子》7大智慧，活出坦蕩的人生！ / 樊登著. -- 初版.-- 臺北市：平安文化, 2024.3 面；公分. --（平安叢書；第789種）（致知；07）

ISBN 978-626-7397-25-1（平裝）

1.CST: 孟子 2.CST: 修身 3.CST: 人生哲學

192.1 113001629

平安叢書第 0789 種
致知 07

底氣

掌握《孟子》7大智慧，
活出坦蕩的人生！

《人生的底氣》：文化部部版臺陸字第112341號；許可期間自112年11月20日起至117年1月10日止。

作　　者—樊　登
發 行 人—平　雲
出版發行—平安文化有限公司
台北市敦化北路 120 巷 50 號
電話◎ 02-27168888
郵撥帳號◎ 18420815 號
皇冠出版社（香港）有限公司
香港銅鑼灣道 180 號百樂商業中心
19 字樓 1903 室
電話◎ 2529-1778　傳真◎ 2527-0904
總 編 輯—許婷婷
執行主編—平　靜
責任編輯—陳思宇
美術設計—倪旻鋒、李偉涵
行銷企劃—謝乙甄
著作完成日期— 2023 年
初版一刷日期— 2024 年 3 月

法律顧問—王惠光律師

讀者服務傳真專線◎ 02-27150507
電腦編號◎ 570007
ISBN ◎ 978-626-7397-25-1
Printed in Taiwan
本書定價◎新台幣 420 元 / 港幣 140 元